1 Erregungsentstehung und -leitung

2 Erregungsübertragung an Synapsen

3 Großhirnrinde

4 Tag-Nacht-Rhythmus und Schlaf

5 Gedächtnis

6 Visuelles System – Sehen

7 Akustisches System – Hören

8 Vestibuläres System – Gleichgewicht

9 Chemische Sinne – Riechen & Schmecken

Index

Dr. Julia Michels

Physiologie Band 3

MEDI-LEARN Skriptenreihe

6., komplett überarbeitete Auflage

MEDI-LEARN Verlag GbR

Autorin: Dr. Julia Michels
Fachlicher Beirat: PD Dr. Andreas Scholz

Teil 3 des Physiologiepaketes, nur im Paket erhältlich
ISBN-13: 978-3-95658-006-2

Herausgeber:
MEDI-LEARN Verlag GbR
Dorfstraße 57, 24107 Ottendorf
Tel. 0431 78025-0, Fax 0431 78025-262
E-Mail redaktion@medi-learn.de
www.medi-learn.de

Verlagsredaktion:
Dr. Marlies Weier, Dipl.-Oek./Medizin (FH) Désirée Weber, Denise Drdacky, Jens Plasger, Sabine Behnsch, Philipp Dahm, Christine Marx, Florian Pyschny, Christian Weier

Layout und Satz:
Fritz Ramcke, Kristina Junghans, Christian Gottschalk

Grafiken:
Dr. Günter Körtner, Irina Kart, Alexander Dospil, Christine Marx

Illustration:
Daniel Lüdeling

Druck:
A.C. Ehlers Medienproduktion GmbH

6. Auflage 2014
© 2014 MEDI-LEARN Verlag GbR, Marburg

Das vorliegende Werk ist in all seinen Teilen urheberrechtlich geschützt. Alle Rechte sind vorbehalten, insbesondere das Recht der Übersetzung, des Vortrags, der Reproduktion, der Vervielfältigung auf fotomechanischen oder anderen Wegen und Speicherung in elektronischen Medien.
Ungeachtet der Sorgfalt, die auf die Erstellung von Texten und Abbildungen verwendet wurde, können weder Verlag noch Autor oder Herausgeber für mögliche Fehler und deren Folgen eine juristische Verantwortung oder irgendeine Haftung übernehmen.

Wichtiger Hinweis für alle Leser
Die Medizin ist als Naturwissenschaft ständigen Veränderungen und Neuerungen unterworfen. Sowohl die Forschung als auch klinische Erfahrungen führen dazu, dass der Wissensstand ständig erweitert wird. Dies gilt insbesondere für medikamentöse Therapie und andere Behandlungen. Alle Dosierungen oder Applikationen in diesem Buch unterliegen diesen Veränderungen.
Obwohl das MEDI-LEARN Team größte Sorgfalt in Bezug auf die Angabe von Dosierungen oder Applikationen hat walten lassen, kann es hierfür keine Gewähr übernehmen. Jeder Leser ist angehalten, durch genaue Lektüre der Beipackzettel oder Rücksprache mit einem Spezialisten zu überprüfen, ob die Dosierung oder die Applikationsdauer oder -menge zutrifft. Jede Dosierung oder Applikation erfolgt auf eigene Gefahr des Benutzers. Sollten Fehler auffallen, bitten wir dringend darum, uns darüber in Kenntnis zu setzen.

Inhalt

1	**Erregungsentstehung und Erregungsleitung**		**1**
1.1	Reiz und Elektrotonus		1
1.1.1	Ruhe- und Gleichgewichtspotenzial		1
1.1.2	Reiz und Rezeptorpotenzial		3
1.1.3	Eigenschaften des Rezeptorpotenzials		5
1.2	Aktionspotenzial (AP)		6
1.2.1	Auslösung eines Aktionspotenzials – Aufstrich		6
1.2.2	Spannungsgesteuerte Natrium-Kanäle		7
1.2.3	Repolarisation – Abfall		8
1.2.4	Zeitverlauf eines APs und Refraktärzeit		8
1.3	Erregungsleitung		9
1.3.1	Elektrotonische Leitung		10
1.3.2	Saltatorische Erregungsleitung		12
1.3.3	Einteilung der Axone nach Leitungsgeschwindigkeit		13
2	**Erregungsübertragung an Synapsen**		**16**
2.1	Transmitterfreisetzung		16
2.2	Neurotransmitter und Rezeptoren		18
2.2.1	Neurotransmitter		18
2.2.2	Ionotrope Rezeptoren		19
2.2.3	Metabotrope Rezeptoren		19
2.2.4	Zusammenfassung Neurotransmitter und Rezeptoren		20
2.3	Beendigung der Transmitterwirkung		20
2.4	Synapsengifte und -pharmaka		21
2.5	Interaktionen an Synapsen		22
2.5.1	Präsynaptische Hemmung		22
2.5.2	Postsynaptische Hemmung		23
2.5.3	Deszendierende Hemmung		23
3	**Großhirnrinde**		**26**
3.1	Rindenfelder		26
3.1.1	Assoziationsfelder und Sprachfelder		26
3.1.2	Rechts-Links-Hemisphären-Dominanz		28
3.2	EEG (Elektroenzephalogramm)		29
4	**Tag - Nacht - Rhythmus und Schlaf**		**31**
4.1	Schlafstadien		31
4.1.1	NREM-Schlaf		31
4.1.2	REM-Schlaf		32
4.2	Zirkadianer Rhythmus		33
5	**Gedächtnis**		**37**
5.1	Gedächtnisformen		37
5.2	Zelluläre Mechanismen		39
6	**Visuelles System – Sehen**		**43**
6.1	Dioptrischer Apparat		43
6.1.1	Das Auge als optisches System		44
6.1.2	Akkommodation		46
6.1.3	Refraktionsanomalien		47
6.2	Hell-Dunkel- und Farbsehen		50
6.3	Rezeption und Transduktion – der Blick ins Detail		53
6.4	Sehbahn und Gesichtsfeld		55
6.5	Retinale und zentrale Verarbeitung		57
6.5.1	Aufbau und Verschaltung der Retina		58
6.5.2	Rezeptives Feld und Einteilung der Ganglienzellen		59
6.5.3	Corpus geniculatum laterale und visueller Kortex		60
7	**Akustisches System – Hören**		**66**
7.1	Physik des Hörens		66
7.1.1	Physikalische und physiologische Grundbegriffe		66
7.1.2	Lautstärke und Hörschwellen		69

7.2	Rezeption und Transduktion 70	9	Chemische Sinne – Riechen und Schmecken	**87**
7.2.1	Schallweiterleitung und Frequenzanalyse................... 70	9.1	Olfaktorisches System – Riechen........ 87
7.2.2	Umsetzung der Schwingung in elektrische Information........................ 72	9.1.1	Rezeption und Transduktion................. 87
7.3	Hörbahn und zentrale Verarbeitung 73	9.1.2	Zentrale Verarbeitung 88
7.4	Hörstörungen und Hörprüfungen 74	9.2	Gustatorisches System – Schmecken . 89
7.4.1	Schallleitungs- und Schallempfindungsstörungen............. 74	9.2.1	Rezeption und Transduktion................. 89
7.4.2	Hörprüfungen = Audiometrien 75	9.2.2	Zentrale Verarbeitung 91

8	Vestibuläres System – Gleichgewicht	**81**
8.1	Rezeption und Transduktion................. 81
8.1.1	Maculaorgane....................... 81
8.1.2	Cristaorgane 82
8.2	Nystagmus 84

1 Erregungsentstehung und Erregungsleitung

Fragen in den letzten 10 Examen: 7

Das Thema Erregung ist die Grundlage, um die komplexen Vorgänge in unserem Nervensystem zu verstehen und damit z. B. auch Krankheitsbilder wie die Multiple Sklerose. Es lohnt sich also, hierfür Zeit zu investieren. Abgesehen davon tauchen auch immer wieder Fragen zu diesem Thema im Examen auf.

1.1 Reiz und Elektrotonus

Unter einem Reiz versteht man eine überschwellige Depolarisation (Positivierung) der Zellmembran. Wird eine Zelle gereizt, so wird ihr **Membranpotenzial** also innen gegenüber außen **positiver**. Ist dieser Reiz stark genug, führt er zur Erregung der Zelle. Diese Erregung breitet sich dann über die gesamte Zellmembran aus.

Durch einen Reiz erregbare Zellen in unserem Körper sind
- Nervenzellen,
- Muskelzellen,
- Sinneszellen.

Die Nerven- und Sinneszellen wirst du in diesem Skript besser kennen lernen, die Muskelzellen sind Thema des Skripts Physiologie 5.

Unser Körper verfügt zur Erfassung seiner Umwelt und unseres Innenlebens über spezielle **Sensoren** (**Rezeptoren**). Diese dienen dazu, verschiedene Reize „aufzunehmen" und weiterzuleiten. Beispiele für solche Sensoren sind die Sinneszellen, wie z. B. die Stäbchen des Auges. Ihr passender Reiz ist das Licht. Daneben kann ein Reiz aber auch die direkte elektrische Erregung einer Zelle sein, wie sie im Experiment stattfindet. Hieran sind dann allerdings KEINE Sensoren beteiligt.

1.1.1 Ruhe- und Gleichgewichtspotenzial

Zu diesem Kapitel wurden zwar in den letzten Examina keine Fragen gestellt. Es ist jedoch wichtig, um die folgenden Kapitel zu verstehen. Wirkt kein Reiz auf eine Zelle ein, ist sie in Ruhe. Das Membranpotenzial, das dann vorliegt, wird Ruhepotenzial genannt. Der Wert des Ruhepotenzials ist je nach Zelltyp unterschiedlich und beträgt zwischen −50 und −100 mV. Nervenzellen haben z. B. typischerweise ein Ruhemembranpotenzial von −70 mV, Skelettmuskelzellen von −90 mV. Sehr wichtig für das Ruhepotenzial ist die Na^+/K^+-ATPase. Diese transportiert 3 Na^+ aus der Zelle heraus und im Austausch 2 K^+ hinein. Netto wird also ein Teilchen und eine positive Ladung aus der Zelle heraus gebracht. Dies führt dazu, dass das Membranpotenzial negativer wird.

Fällt die Na^+/K^+-ATPase aus, wird das Membranpotenzial positiver, die Na^+-Teilchen in der Zelle nehmen zu, Wasser folgt passiv dem Na^+ in die Zelle hinein und die Zelle schwillt an.

Die Na^+/K^+-ATPase reicht jedoch nicht aus, um den Wert des Ruhepotenzials von −50 bis −100 mV zu erklären. Hierfür muss man auch wissen, welche Ionen in Ruhe fließen und welches Potenzial diese Ionen dadurch erzeugen. Das Potenzial, das ein Ion sich wünscht, nennt man das Gleichgewichtspotenzial. Beim Gleichgewichtspotenzial eines bestimmten Ions fließen diese Ionen netto nicht mehr durch die Membran, und der Netto-Strom ist folglich 0. In diesem Zustand sind die chemische und die elektrische Triebkraft für diese Ionensorte gleich groß, aber einander entgegengerichtet. Das hört sich vielleicht kompliziert an, ist es aber nicht: Sind auf einer Seite der Membran viele Teilchen, auf der anderen wenig, findet ein Konzentrationsausgleich statt. Die Teilchen fließen zum Ort der niedrigeren

1 Erregungsentstehung und Erregungsleitung

Konzentration (Diffusion). Ist dieser Konzentrationsunterschied groß, so ist auch die chemische Triebkraft groß. Bei Ionen musst du zusätzlich noch die elektrische Triebkraft bedenken: Positiv wird von Negativ angezogen, von Positiv dagegen abgestoßen. Herrscht ein negatives Membranpotenzial, wird ein positives Teilchen in die Zelle fließen (elektrische Triebkraft nach innen). Ist das Membranpotenzial positiv, wird es abgestoßen und bleibt draußen (elektrische Triebkraft nach außen). Bei einem neutralen Membranpotenzial (0) ist auch die elektrische Triebkraft = 0.

Möchte man das Gleichgewichtspotenzial verstehen, muss man beide Triebkräfte berücksichtigen. Dafür ist es notwendig, die Ionenkonzentrationen zu kennen (s. Tab. 1, S. 2). Die fettgedruckten Werte solltest du auf jeden Fall auswendig wissen.

Kalium kommt vor allem in der Zelle vor. Darum ist die chemische Triebkraft nach außen gerichtet, denn es ist ein positives Ion. Bei negativem Membranpotenzial ist daher die elektrische Triebkraft nach innen gerichtet. Bei einem bestimmten Potenzialwert wird K^+ genauso stark chemisch nach außen getrieben wie elektrisch nach innen (die chemische Triebkraft entspricht der elektrischen Triebkraft). Diesen Wert nennt man Gleichgewichtspotenzial. Man kann das Gleichgewichtspotenzial für jedes Ion mithilfe der Nernst-Gleichung berechnen:

$EG = (60\ mV/z) \cdot \log(C_{außen}/C_{innen})$

z = Wertigkeit
für Na^+ und K^+ + 1, für Cl^- – 1,
für Ca^{2+} + 2

> **Merke!**
>
> Das Gleichgewichtspotenzial ist immer konzentrationsabhängig.

Herrschen die für unseren Körper normalen Konzentrationen, ergeben sich diese Gleichgewichtspotenziale:

Na^+	+60 mV
K^+	–90 mV
Cl^-	–90 mV
Ca^{2+}	+120 mV

Tab. 2: Gleichgewichtspotenziale der Ionen in unserem Körper

Falls andere Konzentrationen herrschen, wird dir das im Schriftlichen gesagt und du musst diese Werte in die Nernst-Gleichung einsetzen.

Mit diesem Vorwissen ist auch das Ruhepotenzial schon halb verstanden. Du solltest dir dazu merken, dass in Ruhe vor allem K^+-Kanäle offen sind. Da das Gleichgewichtspotenzial für K^+ –90 mV beträgt, liegt auch das Ruhemembranpotenzial einiger unserer Zellen in etwa bei diesem Wert. In den Nervenzellen ist das Ruhemembranpotenzial mit –70 mV nicht ganz so negativ, da hier auch andere Ionenkanäle offen sind (z. B. Na^+ und Cl^--Kanäle).

Werte in mmol/l	Na^+	K^+	Cl^-	HCO_3^-	Ca^{2+} (frei)
extrazellulär (Plasma)	**143**	**4,5**	105	25	1,5
intrazellulär	14	**150**	3,5	10	0,00015
Verhältnis intrazellulär/extrazellulär	**1:10**	30:1			**1:10 000**

Tab. 1: Ionenkonzentrationen

1.1.2 Reiz und Rezeptorpotenzial

Eine Sinneszelle kann durch einen Reiz erregt werden. Hierbei unterscheidet man adäquate von inadäquaten Reizen:
- Unter einem **adäquaten Reiz** versteht man denjenigen, der **spezifisch für den Rezeptor** ist, z. B. ein Lichtquant für die Stäbchen des Auges.
- Ein **inadäquater Reiz** für die Stäbchen wäre ein Schlag auf das Auge, der „Sternchen" sehen lässt.

Wird ein adäquater oder inadäquater Reiz von einer Zelle registriert, so kann dies zur Erregung (Aktivierung) dieser Zelle führen. Eine solche Aktivierung kann z. B. in Form einer Depolarisation der Zellmembran (Bildung eines Rezeptorpotenzials) stattfinden. In deren Folge ändert die Zelle ihr Verhalten und schüttet z. B. eine größere Anzahl von Molekülen eines Neurotransmitters (Botenstoff in Synapsen, s. 2.1, S. 16) aus. Hier muss man vorsichtig sein:

> **Merke!**
>
> Ein **Rezeptorpotenzial** wird auch als Sensor- oder Generatorpotenzial bezeichnet. Diese Potenziale sind aber NICHT dasselbe wie ein Aktionspotenzial (s. 1.2, S. 6).

Das Rezeptorpotenzial ist eine Veränderung des Membranpotenzials, meist eine Depolarisation. Es wird durch verschiedene Ionenströme hervorgerufen (s. Abb. 2, S. 5). Seine Amplitude (Ausschlag ins Positive) gibt die Stärke der Depolarisation an. Für Rezeptorpotenziale gilt, dass ihre **Amplitude umso größer** ist, **je stärker der Reiz** war. Je stärker der Reiz, desto stärker ändert sich auch das Membranpotenzial eines Sensors.

Die weitere Verarbeitung der Information hängt von der Art der Sinneszelle ab:
Es gibt
- **primäre Sinneszellen** und
- **sekundäre Sinneszellen**.

Diese beiden Zellarten unterscheiden sich in ihrer Fähigkeit, Aktionspotenziale (kurz: APs) zu bilden. Eine **primäre Sinneszelle** kann **selbst ein AP bilden**, falls das Rezeptorpotenzial stark genug ist und ist damit gleichzeitig eine Nervenzelle. Sekundäre Sinneszellen besitzen kein Axon. Bei ihnen kann ein Rezeptorpotenzial zur Ausschüttung eines Neurotransmitters führen. Dieser bewirkt dann die Erregung einer Nervenzelle. Ist die Erregung groß genug, bildet die Nervenzelle (Neuron) ein AP (s. Abb. 1, S. 4).

Ein Neuron kann auch durch andere Neurone über Synapsen erregt werden, indem Transmitter an Ionenkanäle binden und diese öffnen (s. 2.1, S. 16).

Da es viele Möglichkeiten gibt, wie es zur Erregung eines Neurons kommen kann und diese auch gerne im Physikum gefragt werden, hier ein kurzer Überblick: Neurone lassen sich erregen
- direkt, durch einen Reiz von außen wie z. B. Schmerz (primäre Sinneszelle),
- indirekt, durch einen Reiz von außen über eine Synapse (sek. Sinneszelle = ist primär gereizt, aber ohne Axon),
- durch andere Neurone über Synapsen oder
- durch einen direkten Stromstoß z. B. in Experimenten.

Ein Reiz kann zur Depolarisation führen, d. h. die Zellmembran wird – ausgehend vom Ruhepotenzial – positiver.

Durch einen Reiz kommt es meist zu einer Depolarisation. Da bei einer Depolarisation die Zellmembran positiver wird, müssen entweder die **positiven Ladungen** auf der Membraninnenseite **zunehmen oder die negativen abnehmen**. Um zu verstehen, ob bei einer Permeabilitätserhöhung für bestimmte Ionen die Ionen aus der Zelle heraus- oder in diese hineinströmen, muss man das Nernstpotenzial der jeweiligen Ionen kennen. Ist die Leitfähigkeit – also die Durchlässigkeit für bestimmte Ionen – genügend groß, so verteilen sich diese so, dass das Membranpotenzial sich ih-

1 Erregungsentstehung und Erregungsleitung

rem Nernstpotenzial anpasst. Jetzt musst du dich stark konzentrieren und am besten Abb. 2 mit anschauen, um dir vorzustellen, wie welche Ionen fließen und wie diese Flüsse das Membranpotenzial verändern:

- Ist das Nernstpotenzial der jeweiligen Ionen positiver als das Membranpotenzial, so strömen Kationen (positiv geladene Ionen) in die Zelle hinein, Anionen (negative Ionen) dagegen hinaus.
- Ist das Nernstpotenzial negativer als das jeweilige Membranpotenzial, so strömen Kationen aus der Zelle hinaus und Anionen hinein.

Eine Zunahme der Kationen kann erfolgen durch eine **Zunahme der Na$^+$- oder Ca^{2+}-Leitfähigkeit**. In der Folge strömen mehr Kationen in die Zelle hinein. Eine weitere Möglichkeit ist die **Abnahme der K$^+$-Leitfähigkeit**. In diesem Fall strömen weniger Kationen aus der Zelle heraus. Zu einer Abnahme der Anionen kommt es durch **Abnahme der Chloridleitfähigkeit**. Dies führt zu einem geringeren Einstrom der Cl$^-$-Anionen in die Zelle.

Daneben führt auch eine Erhöhung der extrazellulären K$^+$-Konzentration zur Depolarisation. Denn wenn draußen immer mehr Kalium ist, dann drückt und strömt dieses Kalium auch immer stärker in die Zelle hinein und führt aufgrund seiner positiven Ladung zur Depolarisation. Der wissenschaftliche Grund hierfür liegt im Nernst-Potenzial: Steigt die extrazelluläre K$^+$-Konzentration, steigt auch das Verhältnis von $[K^+]_{ex} / [K^+]_{in}$. Da der Quotient ansteigt, steigt auch das Gleichgewichtspotenzial für Kalium an. Kalium strebt nun ein positiveres Membranpotenzial an, strömt daher in die Zelle hinein und führt so zur Depolarisation.

Schließlich kann auch ein Ausfall der Na$^+$/K$^+$-ATPase zur Depolarisation führen.

Das Gegenteil der Depolarisation ist die Hyperpolarisation. Tab. 3 gibt einen Überblick über die Vorgänge, die zur Depolarisation und Hyperpolarisation führen.

Rezeptorpotenziale entstehen meist durch eine Permeabilitätserhöhung für Natriumionen.

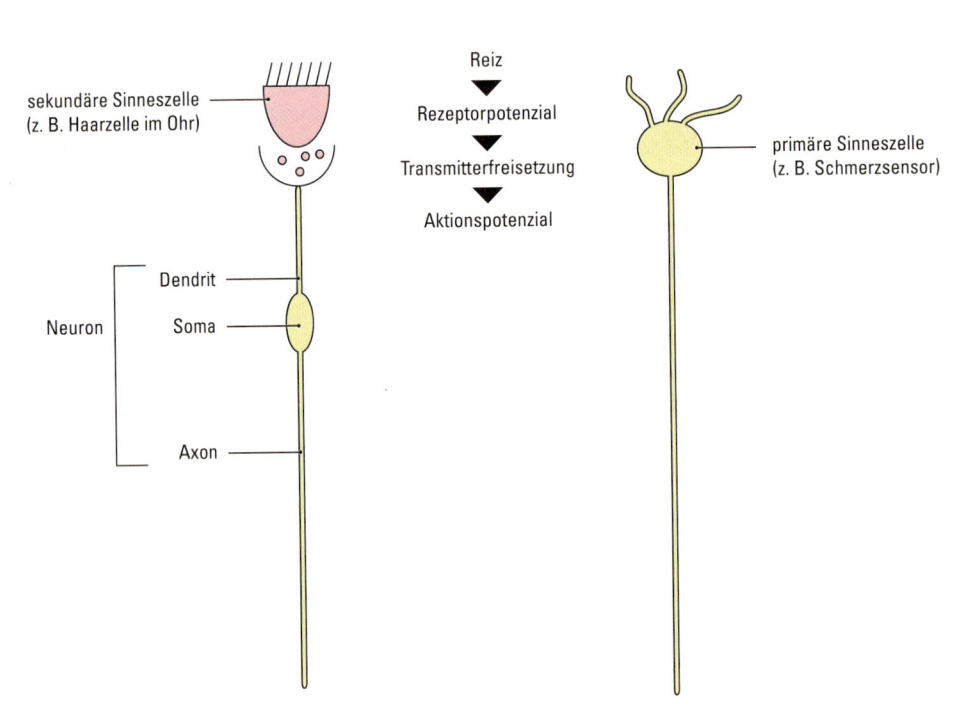

Abb. 1: Vom Reiz zum Aktionspotenzial

medi-learn.de/6-physio3-1

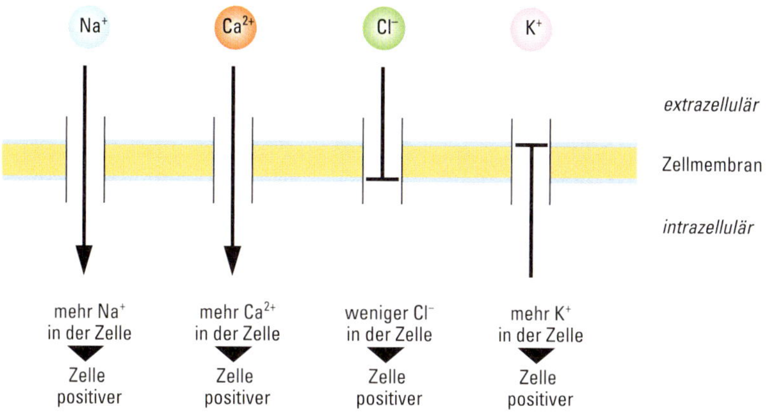

1.1.3 Eigenschaften des Rezeptorpotenzials

Abb. 2: Depolarisation einer Zelle durch Ionenströme

medi-learn.de/6-physio3-2

Depolarisation	Hyperpolarisation
K^+-Leitfähigkeit ↓	K^+-Leitfähigkeit ↑
Na^+-Leitfähigkeit ↑	Na^+-Leitfähigkeit ↓
Na^+/K^+-Pumpen-Aktivität ↓	Na^+/K^+-Pumpen-Aktivität ↑
extrazelluläre [K^+] ↑	extrazelluläre [K^+] ↓
Ca^{2+}-Leitfähigkeit ↑	Ca^{2+}-Leitfähigkeit ↓
Cl^--Leitfähigkeit ↓	Cl^--Leitfähigkeit ↑

Tab. 3: Ursachen von Depolarisation und Hyperpolarisation

Diese Permeabilitätserhöhung geschieht jedoch NICHT über den spannungsabhängigen Na^+-Kanal. Den findet man nämlich bei der Entstehung des Aktionspotenzials (s. 1.2, S. 6). Stattdessen werden diese Na^+-Kanäle über intrazelluläre Botenstoffe oder extrazelluläre Liganden reguliert.

Übrigens …

In der Prüfung wirst du immer wieder Aussagen finden, in denen den Rezeptorpotenzialen fälschlicherweise Eigenschaften des APs zugeordnet sind. Deshalb solltest du die beiden unbedingt auseinanderhalten. Um dir dies zu erleichtern, findest du am Ende des Kapitel 1.3, S. 9 einen tabellarischen Vergleich.

1.1.3 Eigenschaften des Rezeptorpotenzials

Nun da du weißt, wie Rezeptorpotenziale entstehen, geht es darum, welche Eigenschaften sie haben. Das bedeutet z. B., wie ihre Stärke zustande kommt oder wie sie sich ausbreiten. Dies sind im Examen immer wieder gern gefragte Fakten, besonders im Vergleich zu Aktionspotenzialen (s. Tab. 4, S. 10). Rezeptorpotenziale haben eine **reizstärkeabhängige Amplitude**: Je stärker der Reiz, desto größer ist die Amplitude der Depolarisation der Zellmembran. Die Stärke der Depolarisation kann man also an der Amplitude ablesen.

> **Merke!**
>
> Im Gegensatz zum AP des Nerven
> - folgen Rezeptorpotenziale NICHT dem Alles-oder-Nichts-Gesetz.
> - besitzen Rezeptorpotenziale KEINE Refraktärzeit.

Hier schon mal ein kurzer Vorgriff zur Begriffserläuterung. Mehr zum Thema AP findest du unter 1.2, S. 6.

1 Erregungsentstehung und Erregungsleitung

Das Alles-oder-Nichts-Gesetz besagt, dass nur dann ein AP („Alles") ausgelöst wird, wenn die Erregung so stark ist, dass das Membranpotenzial einen bestimmten Wert erreicht. Ist die Erregung dafür zu schwach, wird kein AP („Nichts") ausgelöst.

Unter der Refraktärzeit versteht man die Zeitspanne direkt nach einem AP, in der kein neues AP ausgelöst werden kann.

Da Rezeptorpotenziale KEINE Refraktärzeit haben, können sie ständig ausgelöst werden. Da sie NICHT dem Alles-oder-Nichts-Gesetz unterliegen, sind die Werte umso größer, je stärker der Reiz ist. Außerdem können sich Rezeptorpotenziale auch noch zeitlich und räumlich summieren. Dazu stellst du dir am besten die Potenziale wie Wellen auf einem See vor: Treffen zwei Wellen aufeinander, so können sie sich gegenseitig verstärken oder abschwächen. Für Potenziale bedeutet das, dass sich diejenigen, die zeitlich hintereinander an einem Ort auftreten und solche, die sich gleichzeitig an einem Ort treffen, summieren. Mehr zu diesem Thema findest du in Kapitel 2.5, S. 22 bei den Interaktionen von Synapsen. Eine weitere Eigenschaft von Rezeptorpotenzialen ist, dass sie sich **elektrotonisch** ausbreiten. D. h. sie fließen als Strom an der Zellmembran entlang. Dabei breitet sich die Depolarisation der Zellmembran aus, indem sich die einströmenden positiven Ladungen verteilen, andere Teile der Zellmembran erreichen und depolarisieren. Hierbei werden Ladungen von Proteinen der Membran und der Zelle aufgenommen. Dadurch nimmt die Amplitude des Potenzials kontinuierlich ab, bis es erlischt (s. Abb. 3, S. 6).

Die Gesetze, denen die elektrotonische Ausbreitung folgt, sind ausführlicher in Kapitel 1.3, S. 9) beschrieben.

1.2 Aktionspotenzial (AP)

Aktionspotenziale sind für die Informationsübermittlung unerlässlich, d. h. sie spielen eine zentrale Rolle bei allen Vorgängen im Nervensystem, z. B. für dich, wenn du jetzt Physiologie lernst. Warum das so ist, verstehst du hoffentlich besser, wenn du dieses und das folgende Kapitel gelesen hast.

1.2.1 Auslösung eines Aktionspotenzials – Aufstrich

Wie es zur Depolarisation eines Neurons kommen kann, hast du im vorangegangenen Abschnitt bereits gelesen (s. 1.1.2, S. 3).

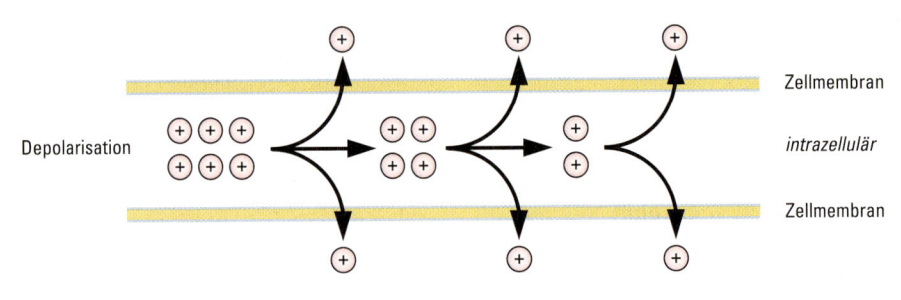

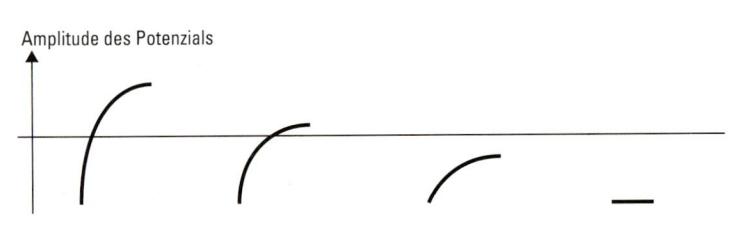

Abb. 3: Elektrotonische Potenziale, Ladungsverteilung und Amplitudenabnahme   medi-learn.de/6-physio3-3

1.2.2 Spannungsgesteuerte Natrium-Kanäle

Erreicht eine solche Depolarisation einen bestimmen Wert, so löst sie in einer Nervenzelle ein AP („Alles") aus. Diesen Wert nennt man **Schwellenpotenzial**. Bleibt die Depolarisation unter dem Wert des **Schwellenpotenzials**, passiert dagegen „Nichts". Dieses Phänomen nennt man **Alles-oder-Nichts-Gesetz**. Das ist wie mit einer Schwangerschaft: Man ist entweder schwanger („Alles") oder eben nicht schwanger („Nichts"). Ein bisschen schwanger sein, geht nicht – genauso wenig wie ein bisschen AP.

Das Schwellenpotenzial liegt ca. +20 mV höher als das Ruhepotenzial. Bei einem Ruhepotenzial von –70 mV ergibt das daher ein Schwellenpotenzial von –50 mV. Wird dieser Wert durch Depolarisation erreicht, kommt es zur **Aktivierung von spannungsgesteuerten Na$^+$-Kanälen** und Na$^+$ strömt in die Zelle ein. Da das Gleichgewichtspotenzial für Na$^+$ bei +60 mV liegt, kommt es durch den **Na$^+$-Einstrom zum Aufstrich des APs in Richtung +60 mV**.

Zum Auslösen eines APs solltest du fürs Mündliche zwei Definitionen parat haben (im Schriftlichen kamen dazu bislang noch keine Fragen):
- **Rheobase** = kleinster Reiz, der gerade noch ein AP auslösen kann, bei unendlich langer Reizdauer und
- **Chronaxie** = die Zeit bis zum Auslösen eines APs bei einem Reiz mit dem doppelten Wert der Rheobase.

Der Spannungswert während des Spitzenpotenzials eines APs überschreitet NIE das Na$^+$-Gleichgewichtspotenzial.
Der Na$^+$-Einstrom während eines APs ändert nur das Membranpotenzial. Die extra- und intrazellulären Na$^+$-Konzentrationen bleiben dabei nahezu unverändert. Dies erklärt, warum nur eine geringe Menge Na$^+$-Ionen nötig ist, um das Membranpotenzial zu ändern.

> **Merke!**
> - Der Aufstrich des APs ist bedingt durch spannungsgesteuerte Na$^+$-Kanäle.
> - Spannungsgesteuerte Na$^+$-Kanäle haben KEINEN Anteil an Rezeptorpotenzialen (s. 1.1.2, S. 3).

1.2.2 Spannungsgesteuerte Natrium-Kanäle

Dieser Typ von Natrium-Kanal ist für die Entstehung des APs entscheidend. Deshalb solltest du ihn dir etwas genauer ansehen.
Spannungsgesteuerte (spannungsabhängige) Natrium-Kanäle haben drei verschiedene Zustände:
- geschlossen aktivierbar,
- offen und
- geschlossen inaktiv.

Beispiel
Das Ganze kannst du dir wie eine Tür vorstellen: Der Kanal ist die Tür, die Depolarisation ist die Hand, die die Klinke drückt, und der Verschluss des Kanals ist das Schloss. Ist die Tür offen, können die Na$^+$-Ionen durch. Ist sie geschlossen, aber nicht abgeschlossen (aktivierbar), kann sie durch die Depolarisation geöffnet werden. Ist die Tür dagegen abgeschlossen (inaktiv), kann man sie nicht einfach durch Drücken der Klinke (Depolarisation) öffnen.

Beim Ruhepotenzial befinden sich die meisten spannungsgesteuerten Na$^+$-Kanäle im Zustand „geschlossen, aktivierbar". Eine schnelle Depolarisation überführt sie in den Zustand „offen". Durch das so entstehende positive Membranpotenzial gehen sie für kurze Zeit in den Zustand „geschlossen, nicht aktivierbar" über (s. Refraktärzeit, s. 1.2.4, S. 8). An der Spitze des APs sind daher die meisten Na$^+$-Kanäle nicht aktivierbar, und es findet KEIN Na$^+$-Einstrom mehr statt.

1 Erregungsentstehung und Erregungsleitung

Depolarisation – also die Änderung des Membranpotenzials – führt zur Aktivierung der spannungsgesteuerten Na$^+$-Kanäle. Je positiver das Membranpotenzial wird, desto mehr Na$^+$-Kanäle werden jedoch inaktiv. Die **Inaktivierung der Na$^+$-Kanäle** beginnt also schon **während der Depolarisation**.

1.2.3 Repolarisation – Abfall

Zur Repolarisation wurden zwar im Schriftlichen zuletzt keine Fragen gestellt, im Mündlichen gehört sie jedoch zur Beschreibung des AP dazu.
Wie gelangt die Zelle nach einem AP wieder zu ihrem Ruhepotenzial? Hierfür ist die Phase der Repolarisation verantwortlich.
Durch die Depolarisation werden auch K$^+$-Kanäle aktiviert. Die Steilheit der Repolarisation wird durch die K$^+$-Leitfähigkeit beeinflusst. Die Repolarisation kommt nämlich durch einen K$^+$-Ausstrom zustande. Wie kann das sein?
Dazu solltest du wissen, dass es verschiedene Typen von K$^+$-Kanälen gibt: Es gibt die konstitutiven K$^+$-Kanäle (K$_{ir}$), die in Ruhe offen sind und zum Ruhepotenzial beitragen. Daneben gibt es aber auch K$^+$-Kanäle, die erst durch die Depolarisation verzögert aktiviert werden. Diese K$^+$-Kanäle (K$_v$) sind für die Repolarisation verantwortlich. Ist das Ruhemembranpotenzial wieder erreicht, werden sie inaktiv und der konstitutive K$^+$-Kanal wird wieder aktiviert. Gar nicht so kompliziert, oder?

1.2.4 Zeitverlauf eines APs und Refraktärzeit

Die Dauer eines Aktionspotenzials wird immer wieder gerne gefragt (s. Abb. 6, S. 9).

> **Merke!**
>
> Das AP einer myelinisierten Nervenfaser dauert 1 ms = 0,001 s.
> Das AP einer Skelettmuskelzelle dauert 10 ms, das einer Herzmuskelzelle mehr als 200 ms.

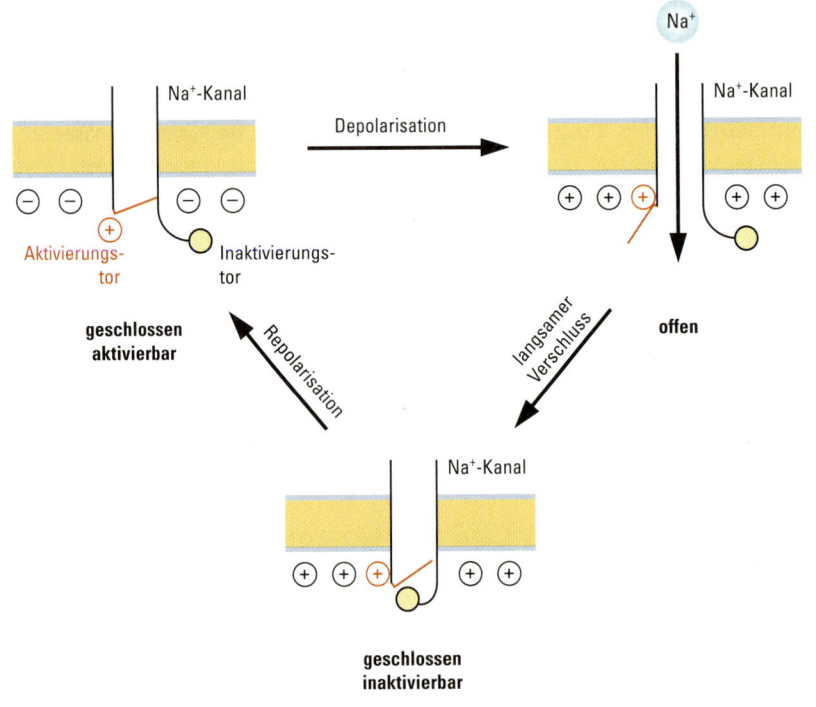

Abb. 4: Zustände des spannungsgesteuerten Natriumkanal

medi-learn.de/6-physio3-4

1.3 Erregungsleitung

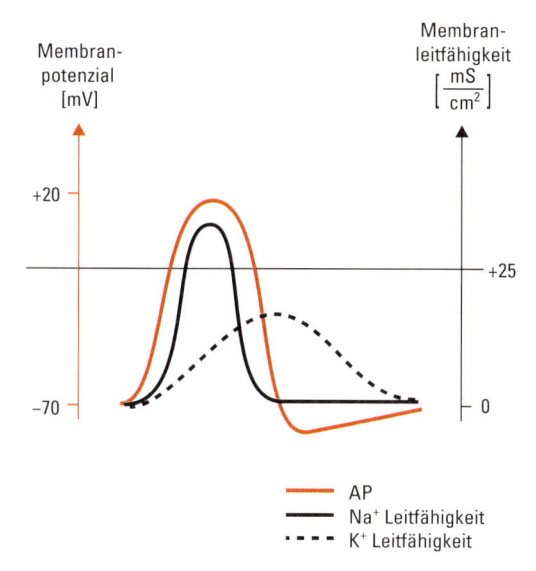

Abb. 5: Leitfähigkeit für Ionen während des Aktionspotenzials *medi-learn.de/6-physio3-5*

Direkt nach einem AP in einem Nerv kann kein neues ausgelöst werden, da die **Na⁺-Kanäle noch inaktiv sind**. Diese Phase nennt man absolute Refraktärzeit. Die Schwelle, um ein AP auszulösen, ist hier unendlich groß. Mit der Zeit werden immer mehr **Na⁺-Kanäle wieder aktivierbar**. Diese Phase nennt man **relative Refraktärzeit**. In der relativen Refraktärzeit wird ein stärkerer Reiz benötigt, um ein AP auszulösen. D. h. die Schwelle ist nicht mehr unendlich groß wie in der absoluten Refraktäreit, aber immer noch höher als unter Ruhebedingungen. Zudem ist die Amplitude eines APs in der relativen Refraktärzeit geringer. Das liegt daran, dass zwar einige Na⁺-Kanäle wieder aktivierbar sind, aber nicht so viele wie nach Beendigung der Refraktärzeit/unter Ruhebedingungen.

Bei Rezeptorpotenzialen wird die Reizstärke über deren Amplitude codiert (s. 1.1.3, S. 5).

Bei Aktionspotenzialen ist das anders: Durch das Alles-oder-Nichts-Gesetz (s. 1.2.1, S. 6) gibt es entweder ein AP oder es gibt keins. Dabei ist dessen Amplitude immer gleich groß. In APs wird die Information daher nicht über die Amplitude, sondern über die Frequenz codiert. (Ausnahme: APs in der relativen Refraktärzeit, da ihre Amplitude kleiner ist, bis sie am Ende der Refraktärphase wieder die ursprüngliche Größe erreicht.)

Die Refraktärzeit begrenzt die AP-Frequenz.

1.3 Erregungsleitung

Warum können wir denken, laufen, sehen und unsere Blase kontrollieren? Richtig, weil unsere Neurone Informationen weitergeben. Warum haben Wirbeltiere dünnere Nerven als Tintenfische? Genau, weil wir Myelinscheiden haben. Was passiert, wenn diese zerstört

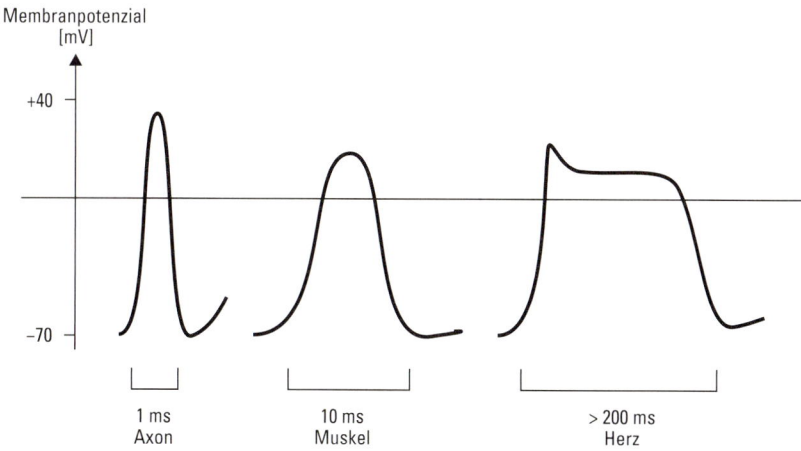

Abb. 6: Aktionspotenziale Axon, Skelettmuskel, Herzmuskel *medi-learn.de/6-physio3-6*

1 Erregungsentstehung und Erregungsleitung

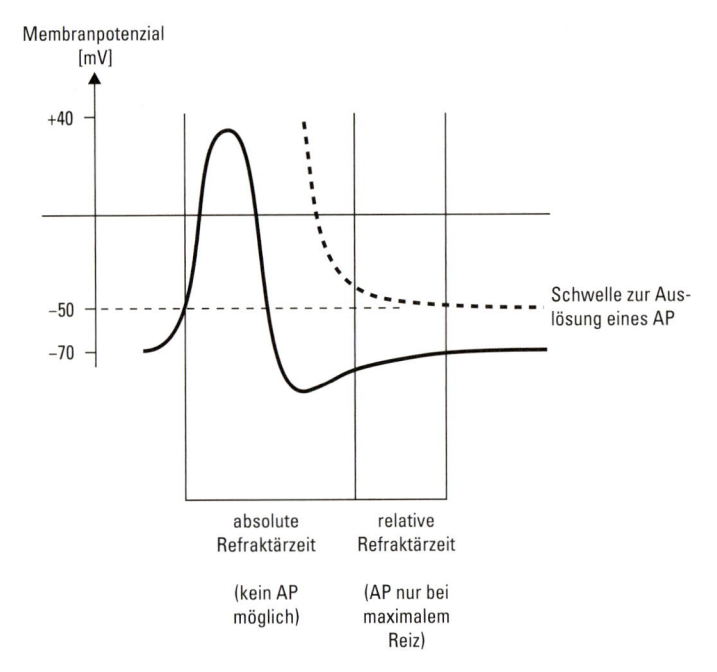

Abb. 7: Refraktärzeit

medi-learn.de/6-physio3-7

sind? Sieh dir mal die Symptome der Multiplen Sklerose an. Um das alles zu verstehen, ist das folgende Kapitel da. Und natürlich auch, um im Examen die Fragen zum Thema Erregungsleitung lösen zu können.

	Aktionspotenzial	Rezeptorpotenzial
Natrium-Kanal	spannungsgesteuert	ligandengesteuert
Amplitude	immer gleich groß	reizstärkeabhängig
Refraktärzeit	ja (Ausnahme: Muskelzelle)	nein
Fortleitung	saltatorisch (s. s. 1.3.2, S. 12), an Internodien elektrotonisch	rein elektrotonisch
Amplitudenabnahme bei Fortleitung	nein	ja

Tab. 4: Prüfungsrelevante Unterschiede zwischen Rezeptor- und Aktionspotenzial

1.3.1 Elektrotonische Leitung

Wie in Abschnitt 1.1.2, S. 3 beschrieben, breitet sich ein Potenzial elektrotonisch aus, indem sich die Ladungen über die Zellmembran verteilen. Die Amplitude nimmt bei elektrotonischer Ausbreitung exponentiell ab. **Die Membranlängskonstante lambda (λ)** gibt dabei an, nach welcher Strecke (in Metern) ein Potenzial auf 37 % (= 1/e) des Ausgangswerts abgefallen ist.

Die Amplitude (Elektrotonus) des Potenzials an einem bestimmten Ort x berechnet sich nach folgender Gleichung:

$$\Delta E_{max}(x) = \Delta E_{max}(0) \cdot e^{-x/\lambda}$$

$\Delta E_{max}(0)$ = Elektrotonus am Entstehungsort
x = Entfernung vom Entstehungsort
$\Delta E_{max}(x)$ = Elektrotonus in der Entfernung x

Je größer lambda ist, desto weiter gelangt ein Potenzial. Abhängig ist diese Konstante von zwei **Widerständen**:

– Erstens, welcher Widerstand sich der Ausbreitung der Ladungen entlang des **Axons** entgegenstellt. **Dieser Widerstand ist umso**

1.3.1 Elektrotonische Leitung

höher, je dünner das Axon ist. Dieses Prinzip begegnet dir übrigens immer wieder: Beim Thema Kreislauf nennt sich das Ganze Hagen-Poiseuille-Gesetz. Es begegnet dir auch, wenn es um den Widerstand in den Bronchien geht. Daher solltest du dir merken: **Je kleiner der Radius eines Rohres, desto höher sein Innenwiderstand**. Ist also ein Axon sehr dünn, hat es einen hohen Innenwiderstand und lambda ist entsprechend klein.

– Der zweite Widerstand, der zu beachten ist, ist jener der **Membran**. Damit sich ein Potenzial entlang des Axons ausbreiten kann, sollten möglichst wenige Ladungen in die Membran fließen. Diese Ladungen sind nämlich für das Potenzial verloren. Hat die Membran einen hohen Widerstand, fließen wenige Ladungen hinein. Deshalb ist bei einem hohen Membranwiderstand lambda ebenfalls groß. Das Gleiche besagt die Formulierung: **lambda ist umso größer, je kleiner die Membrankapazität ist**. Kapazität und Widerstand sind folglich umgekehrt proportional zueinander. Eine große Kapazität bedeutet, dass viele Ladungen aufgenommen werden können.

Die Membranlängskonstante **lambda korreliert folglich mit der Leitungsgeschwindigkeit**. Das soll heißen: Ist lambda besonders groß (bei großem Durchmesser und hohem Membranwiderstand), so ist auch die Leitungsgeschwindigkeit hoch. Dagegen hängt lambda NICHT von der Länge des Axons ab.

> **Merke!**
> Hoher Membranwiderstand = kleine Membrankapazität,
> niedriger Innenwiderstand = großer Durchmesser → große Membranlängskonstante und hohe Leitungsgeschwindigkeit

Die Formel für die Membrankapazität lautet:

$$C = \frac{\varepsilon \cdot \varepsilon_0 \cdot 2 \cdot \pi \cdot r \cdot l}{d}$$

C = Kapazität
ε_0 = elektrische Feldkonstante (fester Wert, immer gleich groß)
ε = elektrische Feldkonstante für diesen speziellen Kondensator
r = Radius
l = Länge
d = Abstand

> **Übrigens …**
> Hier zwei Tipps, die dir dabei helfen können, Formeln leichter zu behalten:
> – Konstanten wie ε stehen immer im Zähler, nur Variablen befinden sich im Nenner und
> – die Kapazität der Membran hat etwas mit ihrer Oberfläche zu tun. Oberfläche = $2 \cdot \pi \cdot r \cdot l$ (ein Rohr in der mathematischen Beschreibung).

Elektrotonische Fortleitung von Aktionspotenzialen

Im Gegensatz zu den Rezeptorpotenzialen, die sich rein elektrotonisch ausbreiten und entsprechend schnell verebben, verhalten sich die APs

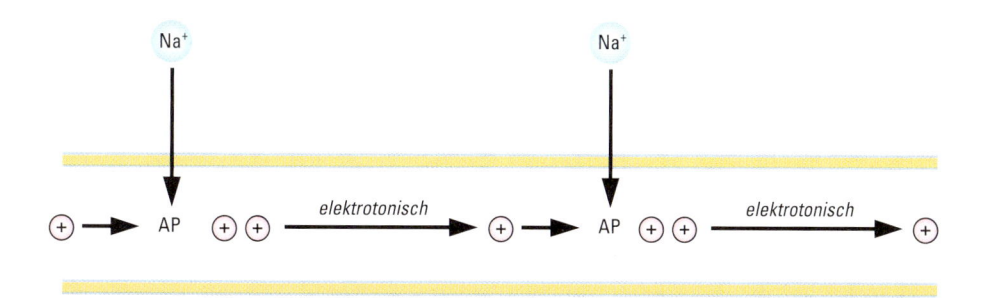

Abb. 8: Ausbreitung eines Aktionspotenzials *medi-learn.de/6-physio3-8*

1 Erregungsentstehung und Erregungsleitung

ein wenig komplexer: Entsteht an einer Stelle eines unmyelinisierten Axons (marklos) ein AP, gelangen viele positive Ladungen in die Zelle (Na^+ strömt ein). Diese Ladungen verteilen sich und depolarisieren durch elektrotonische Weiterleitung angrenzende Teile der Zellmembran. Man nennt das auch „einen Strom über die Membran". Wird dort das Schwellenpotenzial überschritten, entsteht wieder ein AP. Jetzt wird der nächste Teil des Axons elektrotonisch erregt usw. Hierbei ist es wichtig, zu verstehen, dass die Ausbreitung der **Erregung entlang des Axons zunächst immer elektrotonisch** erfolgt. Wie du bereits weißt, nimmt die Amplitude eines elektrotonisch weitergeleiteten Potenzials jedoch kontinuierlich ab. Wäre da nicht das Alles-oder-Nichts-Gesetz (s. 1.2.1, S. 6), dem die APs folgen, würde das Signal bald verebben (so wie es die Rezeptorpotenziale tun …). Da aber an jeder Stelle der Membran bei Erreichen des Schwellenpotenzials ein weiteres AP ausgelöst wird und jedes AP gleich stark ist, **erlischt die Erregung** – trotz elektrotonischer Weiterleitung – nicht. Die Aufgabe des APs besteht also darin, die Nachbarbezirke zu erregen, damit die AP-Welle über das gesamte Axon laufen kann.

> **Übrigens …**
> Da für die Fortleitungsgeschwindigkeit eines APs in marklosen Axonen Membranwiderstand und Axondurchmesser entscheidend sind (s. 1.3.1, S. 10), haben dickere Axone eine höhere Leistungsgeschwindigkeit als dünnere. Aus diesem Grund haben Tintenfische Riesenaxone (1 mm): Sie ermöglichen es – auch ohne Myelinisierung – eine Geschwindigkeit zu erreichen, die groß genug ist für eine rasche Informationsübermittlung.

1.3.2 Saltatorische Erregungsleitung

Uns Menschen hat die Evolution ein besseres Konzept mit auf den Weg gegeben: Wir umwickeln unsere Axone mit Myelin und erhöhen dadurch den Membranwiderstand. Die Leitungsgeschwindigkeit eines myelinisierten Axons (markhaltiges Axon) ist dabei umso größer, je dicker die **Myelinisierung** (Isolierung) ist. Die Stellen, an denen ein Axon von Myelin umwickelt ist, nennt man **Internodien** (lat. = zwischen den Knoten/Schnürringen). Hier erfolgt die **Fortleitung** aufgrund des hohen Membranwiderstands **rein elektrotonisch**. Die Entstehung eines zeitaufwendigen APs (pro AP 1ms) ist dabei NICHT notwendig. Deshalb erfolgt die Fortleitung bei markhaltigen Nervenfasern in den Internodien **schneller** als bei marklosen/unmyelinisierten Neuronen.

Internodium	Schnürring
starke Myelinisierung	keine Myelinisierung
keine spannungsgesteuerten Na^+-Kanäle	hohe Dichte spannungsgesteuerter Na^+-Kanäle
großer Membranwiderstand	geringer Membranwiderstand
hohe Leitungsgeschwindigkeit	geringe Leitungsgeschwindigkeit
Abnahme der Amplitude des Potenzials	Erhöhung der Amplitude des Potenzials

Tab. 5: Vergleich Internodien und Schnürringe

Zwischen dem Ende der einen Myelinzelle (Schwann-Zelle oder Oligodendrozyt) und dem Anfang der nächsten liegt der **Ranvier-Schnürring**. Hier liegt das Axon frei (ohne Myelinisierung) vor und **nur hier wird ein AP gebildet**. Deshalb befinden sich an den Ranvier-Schnürringen auch besonders viele Na^+-Kanäle (s. Abb. 9, S. 13). So kommt es zu einer sprunghaften (saltatorischen) Weiterleitung der APs von Schnürring zu Schnürring und damit zur hohen Leitungsgeschwindigkeit unserer markhaltigen Axone.

> **Übrigens …**
> – Eine Depolarisation kann durch rein elektrotonische Leitung – also

1.3.3 Einteilung der Axone nach Leitungsgeschwindigkeit

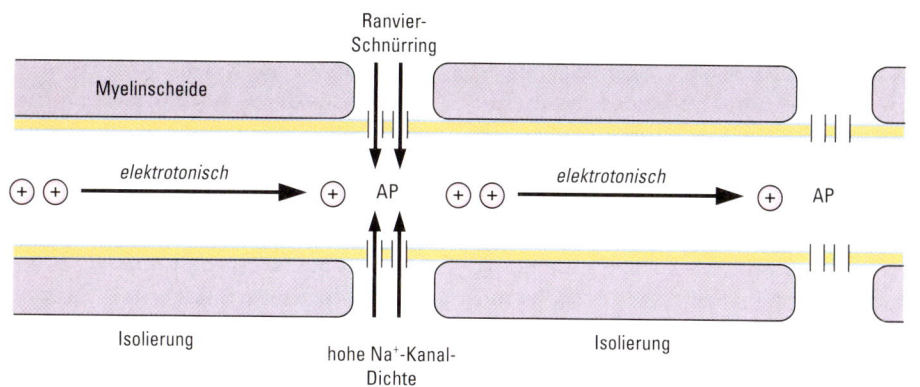

Abb. 9: Saltatorische Leitung entlang eines Axons

ohne AP – sogar den übernächsten Schnürring erreichen!
- Sind die Myelinscheiden zerstört, sinkt die Leitungsgeschwindigkeit so stark, dass eine rasche und sichere Informationsübertragung nicht mehr möglich ist. Beispiel: Multiple Sklerose, bei der die Myelinscheiden durch Autoimmunprozesse zerstört werden.

1.3.3 Einteilung der Axone nach Leitungsgeschwindigkeit

Nervenfasern können anhand ihrer Leitungsgeschwindigkeit eingeteilt werden. Es gibt die Klassifikationen nach Erlanger/Gasser und nach Lloyd/Hunt. Für das Examen reicht es, wenn du dir fürs Mündliche merkst, welche Fasern was leiten und dass die dicksten und damit schnellsten Axone die α-Motoneurone und die primären Muskelspindelafferenzen sind. Im Schriftlichen findet man nicht oft Fragen hierzu. Wenn du weißt, dass im vegetativen Nervensystem die postganglionären Fasern marklos (nicht myelinisiert) sind, reichte das bislang, um die Fragen richtig zu kreuzen.

Man kann die sensiblen Anteile von Erlanger/Gasser z.T. mit denen von Lloyd/Hunt gleichsetzen: I = A α, II = A β, IV = C.
Typ C leitet den größten Anteil der Schmerzafferenzen.

Lloyd/Hunt nur sensible Fasern					
I	II	III		IV	
primär afferente Muskelspindeln	Mechanosensoren der Haut	Tiefensensibilität des Muskels		marklose Fasern für Schmerz	
Erlanger/Gasser sensible und motorische Fasern					
A α	A β	A γ	A δ	B	C
α-Motoneurone, primäre Muskelspindelafferenzen	Hautafferenzen für Tasten	γ-Motoneurone für Muskelspindeln	Hautafferenzen für Schmerz und Temperatur	Sympathikus präganglionär	Schmerz, Sympathikus postganglionär
Geschwindigkeit					
100 m/s	50 m/s	15-20 m/s	15 m/s	7 m/s	1 m/s
Dick bemarkt, sehr schnell				Marklos, langsam	

Tab. 6: Klassifikation der Nervenfasern nach Lloyd/Hunt und Erlanger/Gasser

DAS BRINGT PUNKTE

Im schriftlichen Examen wurden die Eigenschaften von **Rezeptor- und Aktionspotenzialen** bislang immer gerne gefragt (s. Tab. 4, S. 10). Dazu solltest du wissen, dass
- sich Rezeptorpotenziale elektrotonisch ausbreiten,
- sich Rezeptorpotenziale summieren können,
- Rezeptorpotenziale eine reizstärkeabhängige Amplitude haben,
- die Dauer des APs einer markhaltigen Nervenfaser ca. 1ms beträgt,
- ein AP dem Alles-oder-Nichts-Gesetz folgt,
- der Aufstrich des APs durch spannungsgesteuerte Na^+-Kanäle bedingt ist,
- die spannungsgesteuerten Na^+-Kanäle durch Depolarisation aktiviert und gleichzeitig (s. Refraktärzeit, s. 1.2.4, S. 8) inaktiv werden und
- die Repolarisation durch K^+-Kanäle stattfindet.

Daneben findet man auch häufig Fragen zur **elektrotonischen** und **saltatorischen Erregungsleitung**.
Merke dir dazu bitte, dass
- bei der elektrotonischen Weiterleitung ein hoher Membranwiderstand (kleine Membrankapazität) und ein niedriger Innenwiderstand (großer Durchmesser) eine große Membranlängskonstante lambda und damit auch eine hohe Leitungsgeschwindigkeit bedingen.
- bei der saltatorischen Weiterleitung die Fortleitung der Erregung in Internodien schneller ist als in den Schnürringen oder an marklosen Axonen. Grund: In Internodien ist der Membranwiderstand am höchsten und das Potenzial breitet sich rein elektrotonisch aus.
- bei der saltatorischen Weiterleitung nur in den Ranvier-Schnürringen ein AP gebildet wird und hier besonders viele spannungsgesteuerte Na^+-Kanäle vorhanden sind.

FÜRS MÜNDLICHE

Im mündlichen Examen werden zum Thema "Erregungsentstehung und Erregungsleitung" folgende Fragen gerne gestellt:

1. **Erklären Sie bitte, wie ein Aktionspotenzial entsteht.**

2. **Bitte erläutern Sie, was man unter Refraktärzeit versteht.**

3. **Bitte erklären Sie, wie APs fortgeleitet werden.**

4. **Erklären Sie, welche Neurone besonders schnell leiten.**

---

1. Erklären Sie bitte, wie ein Aktionspotenzial entsteht.
Ein Reiz depolarisiert die Membran. Diese Depolarisation kann sich mit anderen Erregungen summieren. Erreicht die Depolarisation am Axonhügel das Schwellenpotenzial, werden spannungsabhängige Na^+-Kanäle aktiviert (Aufstrich des APs) und ein AP entsteht.

FÜRS MÜNDLICHE

2. Bitte erläutern Sie, was man unter Refraktärzeit versteht.
Die Refraktärzeit ist die Zeitspanne, während der kein neues AP ausgelöst werden kann. Grund: Inaktivierung der Na^+-Kanäle durch vorangegangenes AP.
In der absoluten Refraktärzeit kann gar kein AP ausgelöst werden, in der relativen nur durch einen sehr starken Reiz.

3. Bitte erklären Sie, wie APs fortgeleitet werden.
Die Fortleitung von APs entlang eines myelinisierten Axons erfolgt saltatorisch:
– In den Internodien wird die Erregung elektrotonisch weitergeleitet.
– In Ranvier-Schnürringen wird ein neues AP gebildet.
In den marklosen Fasern werden die APs kontinuierlich fortgeleitet.

4. Erklären Sie, welche Neurone besonders schnell leiten.
Die, deren Axone einen großer Durchmesser und dicke Myelinscheiden haben, z. B. die A α-Neurone =
– α-Motoneurone und
– primäre Muskelspindelafferenzen.

Mehr Cartoons unter www.medi-learn.de/cartoons

Pause

Erste Pause!
Hier was zum Grinsen für Zwischendurch …

2 Erregungsübertragung an Synapsen

Fragen in den letzten 10 Examen: 9

Im vorigen Kapitel ging es darum, wie Erregung entsteht und wie sie fortgeleitet wird. Doch was passiert, wenn ein AP am Ende eines Axons ankommt? Wie kann die Information, die in Form der Frequenz der APs gespeichert ist, auf ein anderes Neuron übertragen werden? Wie wird diese Information dort verarbeitet? Die Antworten auf diese Fragen bekommst du in diesem Kapitel. Damit erfährst du zugleich, was in jeder Sekunde in deinem Nervensystem vor sich geht und wie kompliziert das Denken ist.

Eine Synapse ist der Ort, an dem das Axon eines Neurons z. B. mit einem anderen Neuron (an Zellkörper, Dendrit oder Axon) in Kontakt tritt. Sie besteht aus
- der präsynaptischen Membran,
- dem synaptischen Spalt,
- der postsynaptischen Membran.

An Synapsen wird das **elektrische Signal** eines APs **in ein chemisches Signal** umgewandelt. Umgewandelt bedeutet, dass durch das ankommende AP die Freisetzung eines **Neurotransmitters** (chemische Substanz) aus der präsynaptischen Membran in den synaptischen Spalt bewirkt wird. Neurotransmitter werden daher auch Botenstoffe oder Überträgerstoffe genannt. Sie diffundieren durch den synaptischen Spalt zur postsynaptischen Membran, wo sie an spezielle Rezeptoren binden. Diese Rezeptoren sind oft Ionenkanäle (s. 2.2, S. 18), die sich bei Bindung des Neurotransmitters öffnen und so einen Ionenstrom ermöglichen. So wird das chemische wieder in ein elektrisches Signal zurückverwandelt.

Beispiel
Das ist wie beim Telefonieren: An einem Ende sagt jemand etwas in den Hörer (Präsynapse). Diese Information (Schallwellen) wird umgewandelt in ein elektrisches Signal und im Telefonnetz übertragen (synaptischer Spalt). Am anderen Hörer wird die Information dann wieder zu Schall (Postsynapse).

2.1 Transmitterfreisetzung

In den letzten Examina gab es keine Fragen zu diesem Thema. Davor jedoch recht viele, sodass hierzu wieder Fragen auftauchen können. Wie funktioniert die Freisetzung des Transmitters durch ein ankommendes AP genau? In der präsynaptischen Endigung befinden sich viele Calcium-Kanäle. Diese sind spannungsabhängig und werden durch das ankommende AP und damit durch die Depolarisation der Membran aktiviert. Aktiviert bedeutet, dass es durch das AP zum Calcium-Einstrom in die synaptische Nervenzellendigung kommt. Dort liegen die Neurotransmitter in Vesikeln gespeichert vor. Im Ruhezustand können diese Vesikel nicht mit der präsynaptischen Membran fusionieren. Dies gelingt ihnen erst, wenn sich das intrazelluläre Calcium erhöht. Durch die Fusion der Vesikelmembran mit der präsynaptischen Membran werden die Transmitter in den synaptischen Spalt freigesetzt.

Mengenmäßig handelt es sich dabei immer um ein Vielfaches der Transmittermenge, die sich in einem Vesikel befindet (z. B. die Transmittermoleküle eines Vesikels, zweier Vesikel oder aus 100 Vesikeln). Dieses Phänomen nennt man **Quantelung**. Unter einem Quant versteht man also die Menge des Transmitters, die in einem Vesikel enthalten ist.

In der Vesikelmembran und in der präsynaptischen Membran befinden sich Proteine, die aneinander binden und so die Fusion dieser beiden Membranen ermöglichen. In Ruhe wird die Fusion durch ein Triggerprotein verhindert, das die Bindung dieser Proteine anei-

2.1 Transmitterfreisetzung

nander blockiert. Erst durch die Bindung von Calcium wird dieses Triggerprotein inaktiv und die Fusion möglich.
Eine häufige Prüfungsfrage ist, wie die Transmitterfreisetzung verstärkt wird. Dies geschieht durch die Erhöhung des intrazellulären Calciums, da mit Hilfe des Calciums ja die Vesikelfusion und damit die Transmitterfreisetzung erfolgt.

> **Merke!**
>
> Je mehr intrazelluläres Calcium, desto mehr Transmitter wird freigesetzt.

Unter den richtigen Antwortmöglichkeiten wirst du auch andere Veränderungen finden. Letztendlich wirken sie jedoch alle über eine Erhöhung des intrazellulären Calciums:

- **Eine Erhöhung der Aktionspotenzialfrequenz und eine Verlängerung der Aktionspotenzialdauer** (soll heißen: Es kommen über einen längeren Zeitraum APs an und nicht etwa, dass ein einzelnes AP länger dauert, s. 1.2.4, S. 8) und damit eine Verlängerung der Depolarisationsdauer führen am häufigsten zur Aktivierung der Ca^{2+}-Kanäle, wodurch das intrazelluläre Calcium ansteigt.
- Eine **Erhöhung des transmembranären Ca^{2+}-Konzentrationsgradienten** führt zum vermehrten Calciumeinstrom. „Erhöhung des Gradienten" bedeutet, dass der Quotient extrazelluläres/intrazelluläres Calcium größer wird (extrazellulär ist die Ca^{2+}-Konzentration erhöht). Gehen jetzt die Kanäle auf, so ist die Kraft stärker, die das Calcium in die Zelle treibt, und entsprechend mehr Ca^{2+} gelangt in die Zelle.
- Die Transmitterfreisetzung wird ebenfalls durch eine **Erniedrigung des extrazellulären Magnesiums** verstärkt. Dies ist dadurch zu erklären, dass Ca^{2+} und Mg^{2+} um denselben Ionenkanal konkurrieren. Ist daher extrazellulär viel Mg^{2+} vorhanden, so behindert dies den Ca^{2+}-Einstrom. Ist dagegen die extrazelluläre Magnesiumkonzentration niedrig, so kann Calcium den Ionenkanal fast alleine benutzen und in großer Menge in die Zelle strömen.

> **Merke!**
>
> Die Transmitterfreisetzung wird gesteigert durch eine
> - Erhöhung der AP-Frequenz,
> - Verlängerung der Aktionspotenzialdauer,
> - Verlängerung der Depolarisationsdauer,
> - Erhöhung des transmembranären Ca^{2+}-Konzentrationsgradienten und
> - Erniedrigung des extrazellulären Magnesiums.

Das Protein, welches Calcium bindet und vorrangig an der Vesikelfusion beteiligt ist, heißt Synaptotagmin.

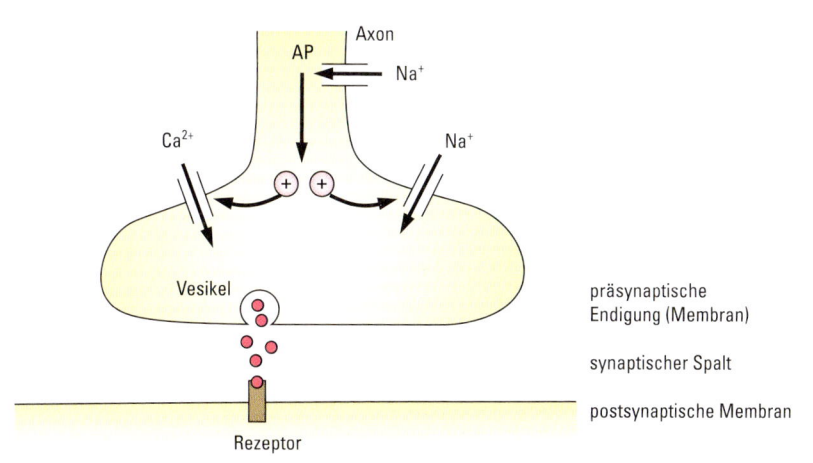

Abb. 10: Synapse

medi-learn.de/6-physio3-10

2 Erregungsübertragung an Synapsen

2.2 Neurotransmitter und Rezeptoren

Entscheidend für die Wirkung eines Transmitters sind die **Rezeptoren**, an die er bindet und die Zelle, auf der diese Rezeptoren sitzen. Wie die physikumsrelevanten Neurotransmitter wirken, erfährst du im folgenden Abschnitt.

2.2.1 Neurotransmitter

Es gibt zahlreiche unterschiedliche Neurotransmitter. Ein Axon besitzt jedoch immer nur einen Transmittertyp plus evtl. einen Co-Transmitter. Die Neurotransmitter sind meist Aminosäuren oder deren Derivate (Abkömmlinge):
- **Glycin und Glutamat** sind Neurotransmitter, die dir wahrscheinlich aus der Biochemie als proteinogene Aminosäuren bekannt sind.
- **GABA** (γ-amino-butter-acid) ist eine γ-Aminosäure, ein biogenes Amin und damit ein Derivat einer α-Aminosäure (Glutamat).
- Biogene Amine (Monoamine) sind die Neurotransmitter **Adrenalin, Noradrenalin, Dopamin und Serotonin** (5-HT/5-Hydroxytryptamin). Diese Transmitter spielen besonders im vegetativen und zentralen Nervensystem eine wichtige Rolle.
- Ein weiterer wichtiger Neurotransmitter, der dir an der motorischen Endplatte begegnet, ist das **Acetylcholin** (ACh). Es ist – wie die biogenen Amine – ein Aminosäurederivat.

Neben diesen Neurotransmittern gibt es auch noch Co-Transmitter. Beispiele dafür sind Peptide wie Substanz P, Enkephalin u. v. m., die dir in anderen Bereichen wie z. B. beim Thema Schmerz erneut begegnen werden.

Die Wirkung eines Neurotransmitters hängt von seinen Rezeptoren ab, was bedeutet, dass es keine transmitterspezifische Wirkung, wohl aber eine rezeptorspezifische gibt. Das ist ähnlich wie mit einem Generalschlüssel in einem Gebäude: Derselbe Schlüssel (Neurotransmitter) passt in viele Schlösser (Rezeptoren). Je nach Schloss wird eine andere Tür (Wirkung in der Zelle) geöffnet.
Als Beispiel sei Adrenalin genannt, das an Gefäßen über $α_1$-Rezeptoren vasokonstriktorisch und über $β_2$-Rezeptoren vasodilatatorisch wirkt. Entscheidend für die Wirkung des Transmitters ist also dessen Rezeptor in der postsynaptischen Membran.

Es gibt zwei große Gruppen von Rezeptoren:
- die zytosolischen und
- die membrangebundenen.

An die zytosolischen binden lipophile Hormone, wie z. B. Steroidhormone. Mit diesen Rezeptoren werden wir uns hier nicht weiter beschäftigen (s. dazu Skript Biochemie 5). Entscheidend für die Wirkung der Neurotransmitter sind die membrangebundenen Rezeptoren.

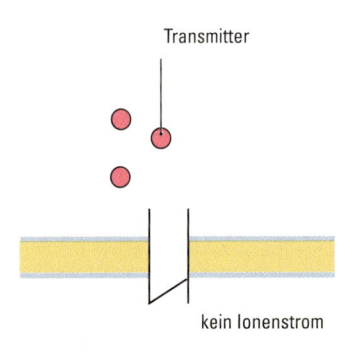

Abb. 11: Ionotroper Rezeptor

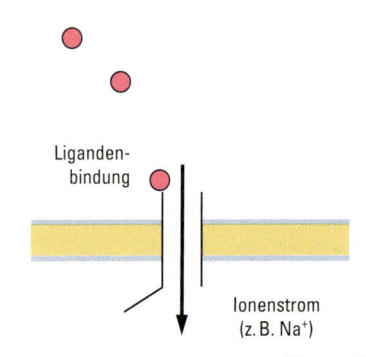

2.2.2 Ionotrope Rezeptoren

Diese kann man weiter unterteilen in
- ionotrope und
- metabotrope Rezeptoren.

2.2.2 Ionotrope Rezeptoren

> **Merke!**
>
> Ein ionotroper Rezeptor ist selbst ein Ionenkanal, der sich durch Ligandenbindung (Bindung des Neurotransmitters) öffnet und einen Ionenstrom durch die Membran zulässt.

Welche Ionen durch einen ionotropen Rezeptor fließen, hängt vom Typ des Kanals und damit des Rezeptors ab. Die Art der einströmenden Ionen entscheidet darüber, ob ein Transmitter zur Positivierung (Erregung) oder Negativierung (Hemmung) der postsynaptischen Membran führt:
- Wirkt ein Transmitter erregend, so entsteht ein EPSP (exzitatorisches postsynaptisches Potenzial, s. 2.5, S. 22). Dies geschieht meist durch Na^+-Einstrom.
- Ist die Transmitterwirkung hemmend, so entsteht ein IPSP (inhibitorisches postsynaptisches Potenzial, s. 2.5, S. 22). Hierfür ist meistens ein Cl^--Einstrom oder ein K^+-Ausstrom verantwortlich.

> **Merke!**
>
> Die Abkürzungen EPSP/IPSP besagen, dass ein
> - exzitatorisches (erregendes = die Zellmembran wird depolarisiert) oder
> - inhibitorisches (hemmendes = die Zellmembran wird hyperpolarisiert)
> - postsynaptisches (es wird an der postsynaptischen Membran ausgelöst, meist durch Transmitterbindung)
> - Potenzial ausgelöst wird.
>   Oder kurz: Die Zellmembran wird positiver (EPSP) oder negativer (IPSP).

> **Übrigens ...**
> An manchen Zellen – wie z. B. den Geschmackszellen – schließen sich die Kanäle durch Ligandenbindung (s. 9.2, S. 89).

2.2.3 Metabotrope Rezeptoren

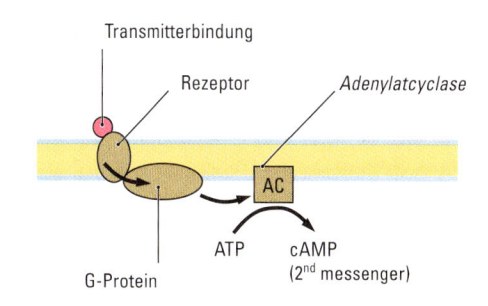

Abb. 12: Metabotroper Rezeptor am Beispiel cAMP

medi-learn.de/6-physio3-12

Metabotrope Rezeptoren leiten bei Ligandenbindung das Signal über mehrere Proteine weiter. Diesen Vorgang nennt man Signaltransduktion. Meist folgt hierbei auf den Rezeptor ein G-Protein. Dieses bindet GTP (daher der Name) und wird dadurch aktiviert (s. Abb. 12, S. 19). Das G-Protein aktiviert als nächstes ein Enzym, das einen intrazellulären Botenstoff bildet. Dieser ist nach dem Transmitter der 2. Botenstoff (engl. = Second messenger) und vermittelt dessen Wirkung, z. B. die Öffnung eines Ionenkanals oder die Aktivierung intrazellulärer Proteine.
Wichtige G-Proteine sind G_s, G_i und G_q.
Das G_s-Protein aktiviert die Adenylatcyclase und führt damit zur Bildung von cAMP (cyclischem AMP). Das G_i-Protein hemmt die Adenylatcyclase und aktiviert eine Phosphodiesterase, was zu einem Abfall von cAMP führt. Das G_q-Protein schließlich aktiviert die Phosphatidylinositol-Phospholipase C (PLC), die zur Bildung von IP_3 (Inositoltrisphosphat) und DAG (Diacylglycerol) führt.
Diese ganzen chemischen Bezeichnungen wirken sicherlich zunächst kompliziert. Es lohnt sich jedoch, sie zu lernen, da

2 Erregungsübertragung an Synapsen

viele Neurotransmitter über einen dieser Second messenger wirken und diese Begriffe entsprechend häufig in den Fragen auftauchen.

Die Wirkung der metabotropen Rezeptoren auf eine Zelle hängt von der Zelle ab. So können verschiedene Rezeptoren bei Aktivierung zur Erhöhung des cAMPs führen.
Welche Veränderung das cAMP bewirkt, hängt jedoch davon ab, in welcher Zelle es sich befindet.

> **Übrigens ...**
> Beispiele: Die Aktivierung adrenerger β_1-Rezeptoren am Herzen führt über cAMP-Erhöhung zur Herzfrequenzsteigerung. Die β_2-Aktivierung in den Bronchien führt über cAMP-Erhöhung zur Bronchodilatation.

2.2.4 Zusammenfassung Neurotransmitter und Rezeptoren

Die wichtigsten Neurotransmitter mit ihren ionotropen und metabotropen Rezeptoren findest du in den folgenden Tabellen. Das sind ziemlich viele. In der schriftlichen Prüfung werden aber nur die fett gedruckten häufig gefragt. Besonders oft kommt die Frage vor, welche Rezeptoren ionotrop sind und welche Ionen sie leiten.

2.3 Beendigung der Transmitterwirkung

Neurotransmitter müssen eine kurze Wirkdauer haben, damit es nicht zur Dauerdepolarisation kommt und eine erneute Erregung der Synapse bald wieder möglich ist. Darum gibt es verschiedene Mechanismen, um ihre Wirkung schnell zu beenden:
- Spaltung des Transmitters im synaptischen Spalt. Beispiel: Abbau von ACh durch die Cholinesterase.
- Wiederaufnahme des Transmitters in die präsynaptische Endigung. Beispiel: Noradrenalin.
- Abdiffusion des Transmitters ins Blut. Beispiel: Noradrenalin.
- Aufnahme in die Glia. Beispiel: Glutamat in der Retina.

> **Übrigens ...**
> Bei der Myasthenia gravis werden Autoantikörper gegen den nikotinischen (nikotinergen) Acetylcholinrezeptor gebildet. Dadurch sinkt die Zahl der Rezeptoren in der motorischen Endplatte und es kommt zu rascher Muskelerschöpfung. Ein erstes Zeichen dieser Erkrankung sind hängende Augenlider. Ein Therapieansatz besteht darin, die Acetylcholinkonzentration im synaptischen Spalt zu erhöhen. Dies geschieht durch den Einsatz von Acetylcholinesterasehemmern (z. B. Neostigmin).

Transmitter	Rezeptor	erregend/hemmend	Ionenart	Vorkommen
Glycin	**Glycinrezeptor**	**hemmend**	**Cl^-**	**Hemmung der Motoneurone**
Acetylcholin	**nAChR (nikotinisch)**	**erregend**	**Na^+/K^+**	**motorische Endplatte**
Glutamat	AMPA	erregend	Na^+/K^+	ZNS
Glutamat	**NMDA**	**erregend**	**Ca^{2+}, Na^+/K^+**	**Hippocampus (Gedächtnis)**
Glutamat	Kainat	erregend	Na^+/K^+	ZNS
GABA	**$GABA_A$**	**hemmend**	**Cl^-**	**Cerebellum, Basalganglien**
Serotonin	$5-HT_3$	erregend	Na^+/K^+	Hirnstamm

Tab. 7: Ionotrope Rezeptoren

2.4 Synapsengifte und -pharmaka

Transmitter	Rezeptor	G-Protein	2nd messenger	Vorkommen
Acetylcholin	m_2AChR	G_i	cAMP↓	Herz
Glutamat	mGluR	G_q	IP_3	Auge
GABA	$GABA_B$	G_i	cAMP	ZNS
Adrenalin	**α_1**	**G_q**	**IP_3**	**Gefäße**
Adrenalin	**α_2**	**G_i**	**cAMP↓**	**präsynaptisch**
Adrenalin	**β_1**	**G_s**	**cAMP**	**Herz**
Adrenalin	**β_2**	**G_s**	**cAMP**	**Leber, Gefäße, Bronchien**
Dopamin	$D_{1,5}$	G_s	cAMP	Striatum
Dopamin	$D_{2,3,4}$	G_i	cAMP↓	Striatum
Histamin	H_1	G_q	IP_3	Gefäße
Histamin	H_2	G_s	cAMP	Magen
Serotonin	$5-HT_1$	G_s	cAMP	Neurone
Serotonin	$5-HT_2$	G_q	IP_3	Neurone
Serotonin	$5-HT_4$	G_s	cAMP	Neurone
Acetylcholin	$m_{1,3}$AChR (muskarinisch)	G_q	IP_3	Neurone, glatte Muskulatur

Tab. 8: Metabotrope Rezeptoren

2.4 Synapsengifte und -pharmaka

Einige dieser Substanzen haben hohe klinische Relevanz, andere werden gerne im Schriftlichen gefragt. Besonders beliebt sind Fragen nach den Giften der Clostridien:
- **Botulinustoxin** (C. botulinum) und
- **Tetanospasmin** (C. tetani).

Botulinustoxin kennst du vielleicht unter dem Namen Botox aus der Faltenbekämpfung. Es ist das stärkste bakterielle Gift und auch der Grund dafür, dass man den Inhalt ausgebeulter Konservendosen nicht verzehren sollte. Es bewirkt eine Blockade der ACh-Freisetzung aus synaptischen Vesikeln an der motorischen Endplatte. Dies geschieht durch Spaltung des SNARE-Komplexes (genauer: des Anteils SNAP 25). Dieser Komplex ist für die Vesikelfusion mit der präsynaptischen Zellmembran notwendig. Wird er durch Botulinustoxin zerschnitten, gelangt kein ACh mehr an die postsynaptische Membran, was zur Paralyse (Lähmung) der betroffenen Muskulatur führt. Im Falle einer Intoxikation werden zuerst die Augenmuskeln gelähmt und die Betroffenen sehen Doppelbilder. Tetanospasmin hat seinen Angriffspunkt im Rückenmark, genauer: an den inhibitorischen Synapsen, die im Kontakt zu den Motoneuronen stehen. Dort blockiert es die Freisetzung der Transmitter Glycin und GABA aus den synaptischen Vesikeln, indem es den Komplex zerschneidet, der für die Vesikelfusion mit der präsynaptischen Membran notwendig ist. Die Folge ist ein Spasmus (Krampf) der betroffenen Muskulatur schon bei kleinsten Reizen. Dank der Impfung tritt der Tetanus heute nur noch selten auf. Gelegentlich betroffen sind jedoch ältere Menschen ohne Impfschutz.

Das stärkste Gift in der Natur ist Curare, ein Froschgift. Es blockiert den nikotinischen (nikotinergen) ACh-Rezeptor kompetitiv und führt so zur Lähmung der betroffenen Musku-

2 Erregungsübertragung an Synapsen

latur. Durch hohe ACh-Konzentrationen kann die Wirkung von Curare wieder aufgehoben werden. Seine Abkömmlinge werden in der Anästhesie als nicht depolarisierende Muskelrelaxanzien angewendet.

Ein Beispiel hierfür ist Rocuronium. Durch Erhöhung der ACh-Konzentration im synaptischen Spalt durch ACh-Esterasehemmer kann dessen Wirkung antagonisiert werden. Daneben gibt es auch depolarisierende Muskelrelaxanzien wie Succinylcholin, das nicht kompetitiv an den nAChR bindet. Deshalb kann die Succinylcholinwirkung auch nicht durch hohe ACh-Konzentrationen aufgehoben werden. Bindet Succinylcholin an den nAChR, so depolarisiert es zunächst die Membran der Muskelzelle. Dadurch werden die spannungsabhängigen Natriumkanäle in den nicht aktivierbaren Zustand überführt und die betroffene Muskulatur gelähmt.

Ein weiteres Synapsengift ist das **Alkylphosphat E605**. Dabei handelt es sich um ein Insektizid, das allerdings heute nicht mehr eingesetzt wird. Alkylphosphate sind irreversible Hemmstoffe der Cholinesterase. Bei einer Intoxikation steigt folglich die ACh-Konzentration im synaptischen Spalt, was zur Dauerdepolarisation der betroffenen Muskulatur führt. Dies kann über einen Atemstillstand zum Tod führen. Zunächst treten jedoch Zeichen einer Parasympathikusaktivierung (Hypersalivation, Bradykardie) sowie vermehrtes Schwitzen auf. Als Pharmaka werden nur reversible Cholinesterasehemmer wie Neostigmin und Physostigmin eingesetzt, falls eine Parasympathikusaktivierung erwünscht ist. Ein Vorteil dieser Substanzen ist, dass man sie notfalls antagonisieren kann. Anwenden kann man sie z. B. bei einer Curare-Überdosierung.

Ein Synpasengift, das u. a. im Kugelfisch vorkommt, ist das **Tetrodotoxin** (TTX). TTX hemmt die spannungabhängigen Na^+-Kanäle. Dadurch können keine APs mehr ausgelöst werden und die Nerven- sowie die Muskelaktivität kommen zum Erliegen.

2.5 Interaktionen an Synapsen

Es gibt vier wichtige Mechanismen bei der Interaktion an Synapsen. Einer davon ist dir bereits bei den Eigenschaften der Rezeptorpotenziale begegnet (s. 1.1.2, S. 3). Es handelt sich um die **Summation**. Summation an Synapsen bedeutet, dass sich dort EPSPs und IPSPs (s. 2.2.2, S. 19) räumlich und zeitlich summieren können.

Andere Phänomene synaptischer Interaktion sind die **Bahnung** und die **Okklusion**. Bei der Bahnung werden durch hohe AP-Frequenzen größere Mengen an Transmittermolekülen freigesetzt als erwartet. Der Grund dafür ist, dass das Ca^{2+} zwischen den einzelnen APs nicht schnell genug wieder aus der Zellendigung gepumpt werden kann und sich dadurch intrazellulär anreichert. Bei der Okklusion stören sich die eintreffenden Reize, sodass weniger Transmitter freigesetzt wird, als zu erwarten wäre.

Das am häufigsten gefragte Thema in diesem Abschnitt ist die **Hemmung**. Hierbei wird ein ankommender erregender Reiz durch einen anderen gehemmt. Es gibt drei Hemmtypen:
– die präsynaptische Hemmung,
– die postsynaptische Hemmung und
– die deszendierende (absteigende) Hemmung.

2.5.1 Präsynaptische Hemmung

Zur präsynaptischen Hemmung sind zwar im Schriftlichen in letzter Zeit keine Fragen aufgetaucht. Sie gehört aber zur Gesamtübersicht fürs Mündliche, wenn man über Hemmung spricht.

Der Wirkort der präsynaptischen Hemmung ist die präsynaptische Membran. Dieser Hemmtyp funktioniert über eine axo-axonale Synapse (s. Abb. 13 a, S. 23). Dabei bewirkt der Transmitter des hemmenden Neurons eine verminderte Transmitterfreisetzung in der präsynaptischen Endigung des anderen Neurons. So gelangt weniger oder kein Transmitter an die postsynaptische Membran und deren Erregung fällt entsprechend schwächer aus oder

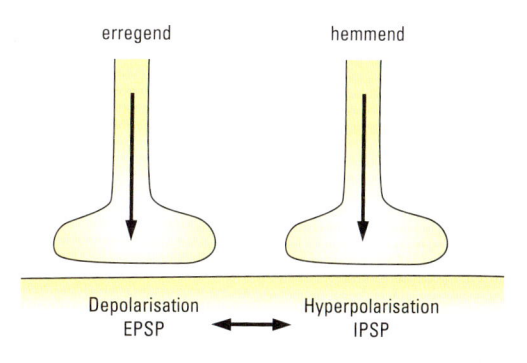

2.5.2 Postsynaptische Hemmung

findet gar nicht statt. Mit anderen Worten: Die postsynaptische Membran wird weniger depolarisiert und das EPSP somit kleiner.

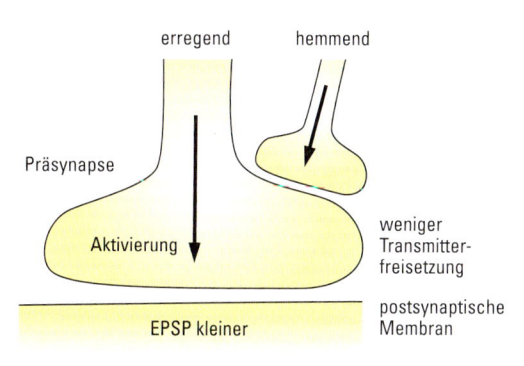

Abb. 13 a: Präsynaptische Hemmung

medi-learn.de/6-physio3-13a

Merke!
Bei der präsynaptischen Hemmung wird die Transmitterfreisetzung aus der präsynaptischen Membran verringert. Es findet jedoch KEINE Hyperpolarisation der postsynaptischen Membran statt.

Übrigens ...
Diese Art der Hemmung findet sich bei der Erregung der α-Motoneurone durch Ia-Fasern im Rückenmark. Hemmender Transmitter axo-axonal ist die GABA, die den Ca^{2+}-Einstrom in die präsynaptische Endigung verringert.

2.5.2 Postsynaptische Hemmung

Bei der postsynaptischen Hemmung wird die postsynaptische Membran nicht nur von einem erregenden Axon, sondern auch von einem hemmenden Axon erreicht (s. Abb. 13 b, S. 23). Der Wirkort ist daher die postsynaptische Membran.

Merke!
Bei der postsynaptischen Hemmung wird in der postsynaptischen Membran eine Hyperpolarisation und damit ein IPSP erzeugt.

Abb. 13 b: Postsynaptische Hemmung

medi-learn.de/6-physio3-13b

Dieses IPSP schwächt ein durch Erregung ausgelöstes EPSP ab, so wie sich zwei Wellen, die aufeinander treffen, abschwächen können. IPSPs reduzieren also den Effekt der EPSPs und machen damit die Entstehung von Aktionspotenzialen im postsynaptischen Neuron weniger wahrscheinlich (negative Summation). IPSPs entstehen z. B. durch Erhöhung der Membranleitfähigkeit für Chlorid über den Glycinrezeptor oder über den $GABA_A$-Rezeptor.

2.5.3 Deszendierende Hemmung

Bei der deszendierenden Hemmung wird die Reizschwelle eines Sensors (z. B. Mechano- oder Geruchssensors) angehoben und damit die Empfindlichkeit dieses Sensors erniedrigt. Man nennt diese Hemmung deszendierend, weil sie von höheren Zentren im ZNS auf die „tiefer gelegenen" Sensoren wirkt.

DAS BRINGT PUNKTE

Eine häufige Frage im schriftlichen Physikum ist, wodurch die **Transmitterfreisetzung an der Synapse** gesteigert wird. Die wichtigsten Ursachen hierfür sind:
- Erhöhung des intrazellulären Calciums,
- Verlängerung der Aktionspotenzialdauer,
- Verlängerung der Depolarisationsdauer,
- Erhöhung des transmembranären Ca^{2+}-Konzentrationsgradienten und
- Erniedrigung des extrazellulären Magnesiums.

Weiterhin solltest du zu den **ionotropen** und metabotropen **Rezeptoren** wissen, welches die wichtigsten ionotropen Kanäle sind:
- Glycin-Rezeptor,
- $GABA_A$-Rezeptor,
- AMPA-, NMDA-, Kainat-Rezeptor (Glutamat-Rezeptoren),
- nACh-Rezeptor (nikotinischer Acetylcholin-Rezeptor) und
- $5\text{-}HT_3$-Rezeptor (Serotonin-Rezeptor).

Zudem solltest du wissen, welches die wichtigsten **metabotropen Rezeptoren** sind:
- mACh-Rezeptor (muskarinischer ACh-Rezeptor) und
- $\alpha_1\text{-}, \alpha_2\text{-}, \beta_1\text{-}, \beta_2\text{-}$ und β_3-Rezeptor (adrenerge Rezeptoren).

Schließlich solltest du noch zwischen **prä- und postsynaptischer Hemmung** unterscheiden können:
- Bei der PRÄsynaptischen Hemmung wird die Transmitterfreisetzung aus der PRÄsynaptischen Membran verringert. Es findet also KEINE Hyperpolarisation der postsynaptischen Membran statt.
- Bei der POSTsynaptischen Hemmung wird in der POSTsynaptischen Membran eine Hyperpolarisation und damit ein IPSP erzeugt.

FÜRS MÜNDLICHE

Für das mündliche Physikum sind nachfolgende Fragen zum Thema "Erregungsübertragung an Synapsen" wissenswert.

1. Bitte erläutern Sie, wie es zur Transmitterfreisetzung kommt.
2. Welche Neurotransmitter kennen Sie?
3. Was können Sie mir zu den Rezeptoren von Neurotransmittern sagen?
4. Erklären Sie bitte, wie die Informationsübertragung bei metabotropen Rezeptoren funktioniert.
5. Welche Arten von Hemmung kennen Sie?

1. Bitte erläutern Sie, wie es zur Transmitterfreisetzung kommt.
Ein Aktionspotenzial kommt an der axonalen Endigung an. Hier werden durch die Depolarisation spannungsabhängige Ca^{2+}-Kanäle geöffnet. Das einströmende Ca^{2+} ermöglicht die Fusion der Transmittervesikel mit der präsynaptischen Membran, wodurch der Transmitter in den synaptischen Spalt freigesetzt wird.

FÜRS MÜNDLICHE

2. Welche Neurotransmitter kennen Sie?
Wichtige Neurotransmitter unseres Körpers sind die Aminosäuren Glycin und Glutamat. Ebenfalls sehr häufig sind Acetylcholin (ein Aminosäurederivat) und die biogenen Amine Adrenalin, Noradrenalin, Dopamin, Serotonin und GABA. Daneben kann man auch Peptide als (Co-)Transmitter finden, wie z. B. Substanz P und Enkephalin.

3. Was können Sie mir zu den Rezeptoren von Neurotransmittern sagen?
Man unterscheidet ionotrope und metabotrope Rezeptoren:
- Ionotrope Rezeptoren sind gleichzeitig Ionenkanäle (z. B. Glycin-Rezeptor, nAChR).
- Metabotrope Rezeptoren wirken über G-Proteine und Second messenger (z. B. adrenerge α- und β-Rezeptoren, mAChR).

4. Erklären Sie bitte, wie die Informationsübertragung bei metabotropen Rezeptoren funktioniert.
Ein Transmitter bindet von extrazellulär an den Rezeptor. Der Rezeptor verändert daraufhin seine Konfiguration und aktiviert ein G-Protein (G_s, G_i oder G_q). Das G-Protein wiederum aktiviert ein Enzym (z. B. AC, PLC), welches dann den Second messenger (z. B. cAMP, IP_3) bildet, der für die intrazelluläre Wirkung verantwortlich ist.

5. Welche Arten von Hemmung kennen Sie?
Es gibt die präsynaptische, die postsynaptische und die deszendierende Hemmung:
- Bei der präsynaptischen Hemmung wird die Ausschüttung des Transmitters aus der präsynaptischen Membran gehemmt.
- Bei der postsynaptischen Hemmung wird die postsynaptische Membran hyperpolarisiert.
- Die deszendierende Hemmung ist eine Hemmung durch ZNS-Zentren z. B. auf das Rückenmark.

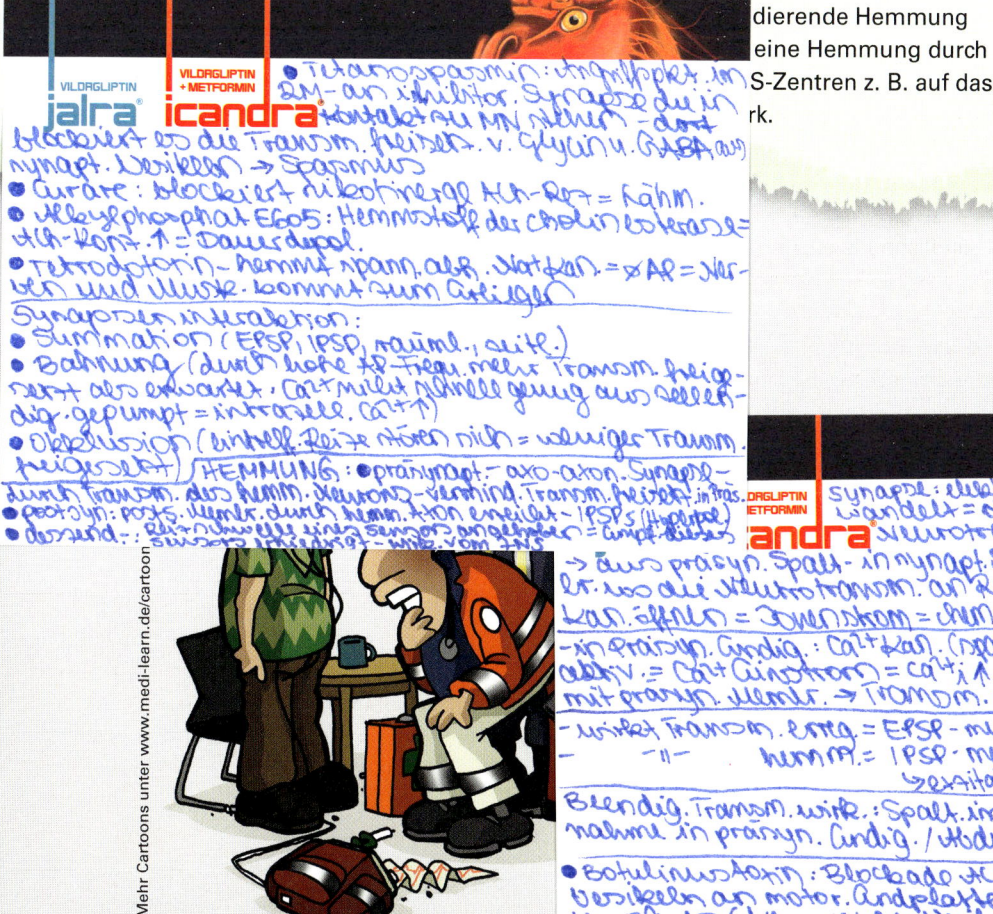

3 Großhirnrinde

▎ Fragen in den letzten 10 Examen: 5

Dieses Kapitel weist einige Überschneidungen mit der Neuroanatomie (s. Skript Anatomie 3) auf, konzentriert sich aber auf die funktionellen Aspekte unseres Großhirns. Es ist ein besonders dankbares Thema, da du mit wenigen Fakten viele Punkte sammeln kannst. Zudem ist es die Grundlage, um viele neurologische Störungen zu verstehen. Grund genug, deine Großhirnrinde jetzt auf Hochtouren zu bringen, und dich in Broca-Aphasie, Splitbrain-Patienten und EEG zu vertiefen.

3.1 Rindenfelder

Die verschiedenen Rindenfelder werden seit kurzem vermehrt im schriftlichen Examen abgefragt. Schwerpunkte sind die Assoziationsfelder und die Hemisphärendominanz. Glücklicherweise ist für das Verständnis dieses Abschnitts Grundlagenwissen ausreichend. Die anatomischen und histologischen Aspekte dieses Themas sind Bestandteil des Skripts Anatomie 3.

3.1.1 Assoziationsfelder und Sprachfelder

Zu diesem Thema werden in der mündlichen Prüfung besonders gerne Fragen gestellt, da man gut klinische Bezüge herstellen kann.

Das Gehirn besitzt sensorische und motorische Anteile. Dort werden Informationen zunächst in primären und dann in sekundären Feldern verarbeitet. Übergeordnet sind diesen die Assoziationsfelder, die weder eindeutig motorisch noch sensorisch sind. Sie sind vielmehr eine Integrationszentrale, die Informationen aus cortikalen und subcortikalen Regionen verarbeitet, aber auch Befehle zu diesen Regionen schickt.

Unterschieden werden drei wichtige Assoziationskortices:
– der limbische Assoziationskortex,
– der parieto-temporo-okzipitale Assoziationskortex und
– der präfrontale Assoziationskortex.

Die Sprachfelder sind ein Bestandteil der Assoziationskortices:
– Das Wernicke-Sprachzentrum gehört zum parieto-temporo-okzipitalen Kortex,
– das Broca-Sprachzentrum gehört zum präfrontalen Kortex.

Diese beiden solltest du auf jeden Fall kennen, da ihr Ausfall und dessen Folgen sowohl in der Klinik als auch in der schriftlichen Prüfung sehr gefragt sind. In Tab. 9 a, S. 27 + Tab. 9 b, S. 28 findest du die Kortices mit ihren jeweiligen Aufgaben und Ausfallerscheinungen bei Schädigung.

Für das Sprechen sind neben der Broca- und der Wernicke-Region noch weitere Rindengebiete wichtig. Dazu gehören der prämotorische Kortex, der Gyrus präcentralis, die Kleinhirnhemisphären, der Nucleus nervi hypoglossi (für die Zunge) und der Nucleus ambiguus des N. vagus (für Larynx mit Stimmlippen). Die Artikulation erfolgt dabei im gesamten Hohlraum zwischen den Stimmlippen sowie der Mund- und Nasenöffnung.

Achtung: Der Hypothalamus hat mit dem Sprechen nichts zu tun.

3.1.1 Assoziationsfelder und Sprachfelder

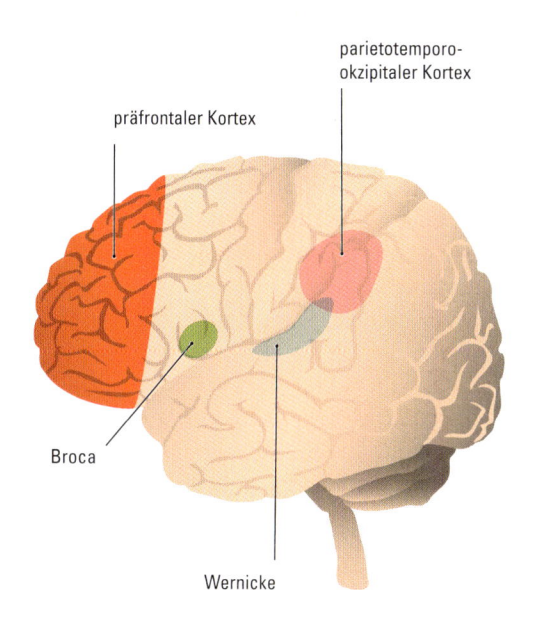

Abb. 14: Assoziative Kortexareale

medi-learn.de/6-physio3-14

Assoziationsfeld	Funktion	Ausfallerscheinung
präfrontaler Kortex	– komplexe Gedankengänge – Planung – höhere motorische Aufgaben	– **Persönlichkeitsveränderung** – **Antriebsarmut** – aggressives, asoziales Verhalten
Broca-Zentrum	motorische Sprachproduktion	Broca-Aphasie: – **Telegrammstil** (nur noch Bildung kurzer Sätze) – **Verlangsamung** der Sprachgeschwindigkeit – **grammatikalische Vereinfachung der Sprache** – Störung von Silbenbetonung und Satzintonation – mühevolle Artikulation – **Mutismus** (Sprachproduktion vermindert bis erloschen)
parietotemporo-okzipitaler Kortex	– Integration visueller und somatosensorischer Informationen – Meinungsbildung	**Neglekt:** Beim Neglekt kommt es zum Ausfall höherer sensorischer Zentren. Das Gehirn weiß nicht mehr, dass es diesen Teil des Körpers oder Raumes gibt. Der Patient nimmt z. B. nur seinen halben Körper als vorhanden wahr. Die Symptome sind das Vernachlässigen/Ignorieren/Nicht-Wahrnehmen der kontralateralen Körperhälfte (somatosensorisch) oder Gesichtsfeldhälfte (visuell).
Wernicke-Zentrum	Sprachverständnis	**Wernicke-Aphasie:** – gestörtes Sprachverständnis – phonematische Paraphasien (z. B. „Spille" statt „Spinne" = klingt ähnlich) – semantische Paraphasien (z. B. „Gabel" statt „Messer" = sinnverwandt) – **Neologismen/Neologien** (völlig unverständliche Silbenreihen) – **sinnentleerte Sprache, aber davon viel (Logorrhöe)**

Tab. 9 a: Assoziationsfelder und ihre Funktion

3 Großhirnrinde

Assoziationsfeld	Funktion	Ausfallerscheinung
limbischer Kortex (u. a. **Hippocampus**, Gyrus cinguli)	– Gedächtnis (Hippocampus im Temporallappen) – emotional-affektive Aspekte (von Wahrnehmungen wie Schmerz, Musik etc.)	beidseitige Schädigung Temporallappen: – **anterograde Amnesie** – Störung des Gefühlserlebens
Amygdala (Mandelkern)	– Angst – emotionales Lernen, z. B. bei Phobien – Einschätzung von Gefahren – Fluchtverhalten	– Störung des Angstempfindens – Unfähigkeit, Gefahren aus den Gesichtern anderer herauszulesen
Thalamus	Palliothalamus: enthält spezifische Kerne, die als Schaltstelle zwischen Kortex und Peripherie + anderen Hirnarealen fungieren.	Verlust der Funktion der unterbrochenen Bahn (bei Sehbahn z. B. Sehverlust)
	Truncothalamus: enthält unspezifische Kerne, die die unspezifische Aktivierung des Kortex (+ Verbindung zur Formatio reticularis) vermitteln.	– fehlende Aktivierung – Schläfrigkeit – Unaufmerksamkeit

Tab. 9 b: Assoziationsfelder und ihre Funktion

3.1.2 Rechts-Links-Hemisphären-Dominanz

In unserem Körper **kreuzen** nahezu alle Nervenbahnen irgendwo zwischen Großhirn und Peripherie. So kommt es, dass z. B. die **linke Gehirnhälfte die rechte Hand** steuert und die rechte Körperhälfte sowie das rechte Gesichtsfeld in der linken Hemisphäre abgebildet werden. Dem Neglekt einer Körperhälfte (z. B. der rechten) liegt daher eine Schädigung des kontralateralen (linken) posterior-parietalen Kortex zugrunde. Doch die Trennung zwischen linker und rechter Hemisphäre geht noch weiter: Selbst die Assoziationscortices weisen eine Hemisphärendominanz auf. Dies ist das Thema des folgenden Abschnitts.

Viele Erkenntnisse auf diesem Gebiet wurden mit epileptischen Patienten gewonnen, denen aus therapeutischen Gründen das Corpus callosum (der Balken/Verbindung zwischen linker und rechter Hemisphäre) und die vordere Kommissur durchtrennt worden waren – den Split-brain-Patienten.

So fand man heraus, dass bei den meisten **Rechtshändern die linke Hemisphäre** zuständig ist für

- das **sprachliche Ausdrucksvermögen** und Generieren von Worten,
- das Lesen und Erkennen einzelner Buchstaben und Lernen von Worten,
- das Sprechen und das Verständnis gelesener Texte,
- das Schreiben und Lernen von Texten sowie
- mathematische und sequenziell ablaufende Operationen.

Die **rechte Hemisphäre** ist bei den meisten Rechtshändern dagegen zuständig für

- den Umgang mit und dem Wiedererkennen von komplexen **geometrischen Figuren**,
- die Identifikation von Gegenständen auf nicht-verbale Weise,
- den Richtungssinn,
- das Wiedererkennen von **Gesichtern und Musik/Melodien** sowie
- die stereoskopische Tiefenwahrnehmung und die **räumliche Orientierung**.

Diese Hemisphärendominanz ist oft bei Linkshändern vertauscht. Allerdings ist das Broca-Sprachzentrum bei allen Rechtshändern und bei 90 % der Linkshänder links.

3.2 EEG (Elektroenzephalogramm)

> **Merke!**
>
> Bei Rechtshändern:
> - linke Hemisphäre = verbal wie Sprechen, Lesen und Schreiben,
> - rechte Hemisphäre = nonverbal wie räumliche Orientierung, geometrische Formen und Musik.

Übrigens ...
Bei Split-brain-Patienten können Informationen nicht mehr von einer zur anderen Hemisphäre transportiert werden. So kann bei einem Rechtshänder ein Gegenstand nur durch Ertasten mit der rechten Hand benannt werden. Die Information gelangt von der rechten Hand in die linke Hemisphäre und wird in Wernicke und Broca (beide linksdominant) weiterverarbeitet. Tastet der Patient dagegen mit der linken Hand, kann die Information nicht von der rechten Hemisphäre auf die linke (Sprachzentrum) übertragen werden. Der Gegenstand kann dann nur auf nonverbale Weise erkannt werden (z. B. durch Zeigen auf ein Bild).

3.2 EEG (Elektroenzephalogramm)

Das EEG ist ein wichtiges diagnostisches Mittel in der Neurologie. Mit ihm können Krankheiten wie die Epilepsie erfasst werden. Es spielt aber auch eine wichtige Rolle bei der Untersuchung des Schlafrhythmus.
In diesem Abschnitt erfährst du, wie ein EEG entsteht und lernst die verschiedenen Wellentypen kennen. Das ist sowohl prüfungsrelevant als auch Grundlagenwissen für die Klinik. Um ein EEG zu registrieren, werden Elektroden auf dem Schädel befestigt, die **Potenzialschwankungen** registrieren. Diese Schwankungen spiegeln jedoch NICHT einzelne Aktionspotenziale wider, sondern die gesamte synaptische Aktivität dieses Bereichs. Die so an den Synapsen registrierten Potenzialänderungen entsprechen den EPSPs und IPSPs (s. 2.2.2, S. 19) hauptsächlich von Pyramidenzellen.

Per Definition wurde festgelegt, dass
- positive Schwankungen den EPSPs in tieferen Hirnrindenschichten oder IPSPs in oberflächlichen Schichten entsprechen und
- negative Schwankungen den IPSPs in tieferen oder EPSPs in oberflächlichen Schichten.

Die verschiedenen Wellenformen unterscheiden sich in ihrer Frequenz. **Hohe Frequenzen** sind ein Zeichen für starke neuronale Aktivität und **gerichtete Aufmerksamkeit**. In diesem Fall sind alle Kortexregionen dabei, verschiedene Informationen zu verarbeiten. Du kannst dir das wie eine große Menschenmenge vorstellen: Wenn alle gleichzeitig etwas anderes tun und erzählen, herrscht ein heilloses Durcheinander. Ebenso herrscht ein Durcheinander im EEG, wenn gleichzeitig alle Zentren arbeiten. Die Wellen haben dann eine hohe Frequenz und eine niedrige Amplitude. Das nennt man **desynchronisiertes EEG**. Sprechen dagegen alle Menschen gleichzeitig dasselbe, z. B. ein Gebet, wie in der Kirche, so können wir die einzelnen Worte verstehen und es herrscht eine gewisse Ordnung. Diesen Zustand spiegelt ein EEG mit **niedrigen Frequenzen** und hohen Amplituden wider. Hier arbeiten die Zellen relativ synchron und es resultiert ein synchronisiertes EEG. Dies ist der Fall, wenn wir entspannen oder schlafen.

Übrigens ...
Die Maximalvariante dieser Synchronisation ist die Epilepsie. Hier kommt es zu Krampfwellen mit niedriger Frequenz und sehr großen Amplituden.

Falls es dir zu viel ist, alle Frequenzen zu lernen, solltest du dir zumindest die Reihenfolge der Frequenzen der einzelnen Wellentypen merken: $\gamma > \beta > \alpha > \theta > \delta$.

3 Großhirnrinde

Übrigens ...
- Die θ- und δ-Wellen kommen beim Neugeborenen auch im Wachzustand vor.
- Die γ- (gamma-) Wellen findet man vor allem bei Lern- und Aufmerksamkeitsprozessen.

α-Wellen

β-Wellen

Θ-Wellen

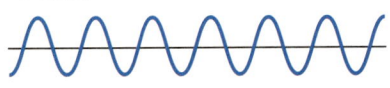

δ-Wellen

Krampfwellen

Abb. 15: EEG-Wellenformen

medi-learn.de/6-physio3-15

Immer wieder gerne wird nach der Wellenart bei geschlossenen Augen gefragt.

> **Merke!**
>
> Bei geschlossen Augen finden sich in den okzipitalen Ableitungen α-Wellen. Beim Öffnen der Augen gehen diese in β-Wellen über.

Übrigens ...
In der Klinik macht man sich das EEG bei der Erfassung **evozierter Potenziale** zunutze. Hierbei wird die Leitungsgeschwindigkeit der Fasertrakte überprüft: Man gibt einen bestimmten Reiz und misst, wann im entsprechenden Hirnareal eine elektrische Aktivität auftritt. Ein Beispiel hierfür ist die **BERA (brainstem evoked response audiometry)**, bei der man einen akustischen Reiz gibt und dann am Hirnstamm ein AEP (akustisch evoziertes Potenzial) registriert wird. Dies ermöglicht das Hörscreening bei Neugeborenen und Bewusstlosen: Obwohl diese Patienten nicht sagen können, ob sie etwas hören, kann man es in der BERA sehen (s. 7.3, S. 73).

Die folgende Tabelle gibt eine Übersicht über die Wellenformen des EEG, ihre Frequenz und ihr Vorkommen.

Wellenform	Frequenz	Vorkommen
γ (gamma)	ca. 30 Hz (30–80 Hz)	höchste Aufmerksamkeit
β (beta)	ca. 20 Hz (14–30 Hz)	gerichtete Aufmerksamkeit
α (alpha)	ca. 10 Hz (8–13 Hz)	wach, aber entspannt
θ (theta)	ca. 6 Hz (4–7 Hz)	Schlaf, Zwischenwellen
δ (delta)	ca. 3 Hz (0,3–3,5 Hz)	Schlaf

Tab. 10: EEG-Wellenformen

4 Tag - Nacht - Rhythmus und Schlaf

Fragen in den letzten 10 Examen: 6

Dieses Kapitel beschäftigt sich mit einem bis jetzt immer noch nicht wirklich verstandenen Thema: dem Schlaf. Obwohl man die verschiedenen Schlafphasen kennt und der Schlaf mit dem EEG überwachbar ist, sind noch viele Fragen offen. Bislang gibt es nur Theorien darüber, warum wir schlafen, wofür welche Schlafphase wichtig ist und wodurch Schlaf überhaupt entsteht. Das Gute an diesem „nicht-sicher-Wissen" ist, dass dich auch in der Prüfung niemand etwas fragen wird, was er selbst nicht weiß. Zusammenfassend kann man sagen, dass der NREM-Schlaf (s. unten) der Erholung und Abkühlung des Gehirns dient und der REM-Schlaf etwas mit Lernen zu tun hat. Das Nützliche, was dagegen häufig zum Thema Schlaf gefragt wird, findest du hier.

4.1 Schlafstadien

Schlaf ist ein Zustand, der sich grundsätzlich vom Wachzustand unterscheidet. Während des Schlafens kommt es zu einer **Dissoziation von Umwelt und Individuum**. Darunter versteht man, dass der Schlafende nicht mehr mitbekommt, was um ihn herum geschieht. Dies erreicht unser Körper, indem die sensorischen Informationen aus der Peripherie vom Thalamus nicht mehr zum Kortex weitergeleitet werden. Der Thalamus (das Tor zum Bewusstsein) macht also im Schlaf dicht. Eingeteilt wird der Schlaf in die Stadien
- NREM (NonREM)-Schlaf und
- REM (Rapid-Eye-Movement)-Schlaf.

Übrigens ...
Der REM-Schlaf ist das, was wir häufig unter Traumschlaf verstehen. Er hat seinen Namen von den schnellen, Sekunden andauernden Augenbewegungen während dieses Stadiums.

Weiterhin unterscheidet man beim Schlaf, wie häufig ein Mensch pro Tag schläft. Säuglinge schlafen mehrmals täglich (polyphasisch), Erwachsene nur einmal pro Tag (monophasisch), ältere Menschen häufig zweimal täglich (Mittagsschlaf, biphasisch).

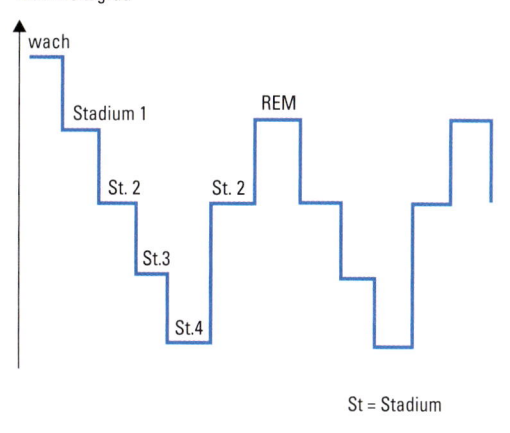

Abb. 16: Schlafzyklus *medi-learn.de/6-physio3-16*

4.1.1 NREM-Schlaf

Im NREM-Schlaf ist die Gehirnaktivität im **EEG relativ synchronisiert**. Der Kortex ist von äußeren Reizen abgeschottet. Der im EEG sichtbare Rhythmus stammt von einer Art internem Taktgeber (wahrscheinlich dem Thalamus), der dem Kortex seinen Rhythmus aufzwingt. Dadurch werden alle Zellen synchronisiert und es resultieren niedrige Frequenzen mit hohen Amplituden (s. 3.2, S. 29). Der Übergang vom Wachzustand zum NREM-Schlaf ist durch eine immer kleiner werdende Wellenfrequenz charakterisiert: Aus α-Wellen werden über θ- schließlich δ-Wellen.

Aufgrund dieser Wellenentwicklung unterteilt man den NREM-Schlaf weiter in verschiedene Stadien (Phasen, in denen man unterschiedlich tief schläft). Ausgehend vom Wachzustand sind dies das

- **Stadium 1 und 2** (leichter Schlaf), die dann in
- **Stadium 3 und 4** (Tiefschlaf) übergehen.

Im **Stadium 2** treten dabei **K-Komplexe** und **β-Spindeln** auf. Man geht davon aus, dass es sich dabei noch um Reaktionen auf äußere Reize handelt, sodass das Gehirn in Stadium 2 wohl noch nicht ganz von der Umwelt abgeschottet ist.

In den Stadien 3 und 4 (im Tiefschlaf) ist die Weckschwelle sehr hoch, die Frequenzen im EEG sind niedrig und die Amplituden groß. Außerdem sind noch die Körperkerntemperatur und Atem- sowie Herzfrequenz erniedrigt. Im Tiefschlaf soll sich das Gehirn – wahrscheinlich durch Abkühlung – erholen.

Nach Beendigung des Tiefschlafs wird zunächst wieder das Stadium 2 erreicht, um von hier aus in den REM-Schlaf zu wechseln (s. Abb. 16, S. 31).

4.1.2 REM-Schlaf

Der REM-Schlaf unterscheidet sich in einigen Punkten vom NREM-Schlaf: Obwohl auch im REM-Schlaf keine äußeren Reize zum Kortex durchdringen und die **Weckschwelle** wie im Tiefschlaf **sehr hoch** ist, ähnelt das **EEG eher dem Wachzustand** mit kleiner Amplitude und hoher Frequenz. Durch Hemmung der Motoneurone findet man im REM-Schlaf jedoch einen **Tonusverlust der Stamm- und Extremitätenmuskulatur**, der zur Paralyse (Lähmung) führt. Diese Paralyse während des Traumschlafs ist auch sinnvoll, da sonst der Schlafende seine Träume voll ausleben und sich womöglich des Öfteren verletzen würde ...

Während Stamm- und Extremitätenmuskulatur gehemmt sind, findet man als typisches Zeichen des REM-Schlafs **schnelle Augenbewegungen** unter geschlossenen Lidern. Daher auch der Name **R**apid-**E**ye-**M**ovement. Weitere Merkmale und Unterschiede gegenüber dem NREM-Schlaf sind eine **Zunahme der Herz- und Atemfrequenz**. Bei Männern kann es im REM-Schlaf zur Peniserektion kommen.

Manchen Theorien zufolge ist der REM-Schlaf für das Lernen des am Tage Erlebten wichtig. Zumindest Mäuse scheinen den Tag im Traum noch einmal zu erleben.

In der ersten Schlafhälfte findet man mehr NREM-Schlaf als in der zweiten. Zum Morgen hin nimmt dagegen der REM-Schlaf zu.

Beim Neugeborenen macht der REM-Schlaf 50 % des Gesamtschlafs aus. (Man nimmt an, dass das Gehirn zur Aktivierung seiner Synapsen den REM-Schlaf braucht, da die Sinne des Neugeborenen noch nicht ausreichend Informationen liefern). Ab dem 10. Lebensjahr sind es nur noch ca. 20 % und ungefähr dabei bleibt es auch bis ans Lebensende.

> **Übrigens ...**
> Ein Schlafwandler befindet sich im NREM-Schlaf. Schlafwandeln kommt oft im Kindesalter vor, wenn im Tiefschlaf (NREM-Schlaf) eine Weckreaktion stattfindet, die den Schlaf aber nicht ganz beendet. Durch die unvollständige Weckreaktion laufen die Kinder dann schlafend umher. Der genaue Mechanismus ist jedoch noch nicht geklärt. Das Schlafwandeln ist also KEIN Hemmungsverlust im REM-Schlaf, wie viele glauben. Man lebt daher während des Schlafwandelns auch NICHT seine Träume aus.

4.2 Zirkadianer Rhythmus

Das Thema Zirkadianer Rhythmen wird ausführlicher im Skript Biochemie 5 behandelt. Hier sei nur erwähnt, dass der Körper eine innere Uhr besitzt, die den Rhythmus vieler interner Prozesse bestimmt. Fehlen äußere Einflüsse, so gibt unser interner Taktgeber einen ca. 25-Stunden-Tag vor. Erst mit Hilfe äußerer Einflüsse – vor allem des Lichts – wird dieser Rhythmus auf 24 Stunden gebracht.

Entscheidend für die Einflussnahme des Lichts ist der Nucleus suprachiasmaticus. Daher kann dessen Schädigung zur Störung der circadianen Rhythmik führen.
Zu diesem Thema kommen hauptsächlich Fragen zum Nucleus suprachiasmaticus:
Der Nucleus suprachiasmaticus projiziert auf den cervicalen Sympathikus. Dieser beeinflusst wiederum die Epiphyse (Zirbeldrüse), die bei Dunkelheit das Hormon Melatonin ausschüttet.

DAS BRINGT PUNKTE

Aus dem Bereich Großhirnrinde wurde bislang häufig nach den **Assoziationscortices**, ihrer Funktion und ihren Ausfallerscheinungen gefragt. Hierzu solltest du in der Prüfung unbedingt die Inhalte von Tab. 9 a, S. 27 und Tab. 9 b, S. 28 parat haben. Besonders beliebt waren Fragen zu den folgenden Ausfallerscheinungen:
- Broca-Aphasie:
  - nur noch Bildung kurzer Sätze (Telegrammstil),
  - mühevolle Artikulation und
  - Sprachproduktion vermindert bis erloschen (Mutismus).
- Wernicke-Aphasie:
  - gestörtes Sprachverständnis,
  - Paraphasien und
  - Neologismen (Neologien): sinnentleerte Sprache, aber davon viel.
- Neglekt:
  - Vernachlässigung,
  - Ignorieren und
  - Nicht-Wahrnehmen der kontralateralen Körperhälfte (somatosensorisch) oder Gesichtsfeldhälfte (visuell).

Gerne gefragt wurde außerdem die **Hemisphärendominanz** bei Rechtshändern:
- linke Gehirnhälfte → verbal (Sprechen, Lesen, Schreiben),
- rechte Hemisphäre → nonverbal (räumliche Orientierung, geometrische Formen, Musik).

Zu guter Letzt solltest du noch über die **EEG-Wellen** (s. Tab. 10, S. 30) Bescheid wissen. Sichere Punkte beschert dir hier das Wiedererkennen dieser Aussagen:
- Bei geschlossen Augen finden sich in den okzipitalen Ableitungen α-Wellen.
- Beim Öffnen der Augen gehen die α-Wellen in β-Wellen über.

Für die schriftliche Prüfung solltest du dir unbedingt die **Kennzeichen des REM-Schlafs** merken:
- die Weckschwelle ist sehr hoch,
- der Tonus der Stammmuskulatur nimmt ab,
- schnelle Augenbewegungen (Rapid-Eye-Movements) finden statt,
- Herzfrequenz und Atemfrequenz sind höher als im NREM-Schlaf und
- das EEG ist desynchronisiert.

Weiterhin solltest du die folgende Aussage als richtig erkennen:
Der Schlaf-Wach-Rhythmus wird mit dem Nacht-Tag-Rhythmus über den Nucleus suprachiasmaticus synchronisiert.

FÜRS MÜNDLICHE

Im Mündlichen wird zu diesem Thema wenig gefragt. Wenn du die Assoziationscortices kennst, hast du schon die notwendigen Grundlagen beisammen:

1. **Erklären Sie, wofür der präfrontale Kortex zuständig ist.**

2. **Erläutern Sie, wofür wir ein Broca-Zentrum haben.**

3. **Erklären Sie, welches die Aufgaben des parieto-temporo-okzipitalen Kortex sind.**

4. **Bitte erläutern Sie, was das Wernicke-Zentrum macht.**

5. **Erklären Sie, wofür der limbische Kortex (u. a. Hippocampus, Gyrus cinguli) zuständig ist.**

6. **Erklären Sie, welche Schlafarten es gibt.**

FÜRS MÜNDLICHE

7. Welche Schlafstadien kennen Sie?

8. Welche Wellentypen kennen Sie und wo kommen diese vor?

9. Bitte erläutern Sie, was den REM-Schlaf auszeichnet.

---

1. Erklären Sie, wofür der präfrontale Kortex zuständig ist.
Für komplexe Gedankengänge, Planung und höhere motorische Aufgaben.

2. Erläutern Sie, wofür wir ein Broca-Zentrum haben.
Für die motorische Sprachproduktion.

3. Erklären Sie, welches die Aufgaben des parieto-temporo-okzipitalen Kortex sind.
Die Integration visueller und somatosensorischer Informationen, die Meinungsbildung.

4. Bitte erläutern Sie, was das Wernicke-Zentrum macht.
Es dient dem Sprachverständnis.

5. Erklären Sie, wofür der limbische Kortex (u. a. Hippocampus, Gyrus cinguli) zuständig ist.
Für das Gedächtnis (Hippocampus im Temporallappen) und emotional-affektive Aspekte.

6. Erklären Sie, welche Schlafarten es gibt.
Es gibt den REM- und den NonREM-Schlaf:
– Der REM-Schlaf ist der Traumschlaf, der an den Wachzustand erinnert,
– der NREM-Schlaf ist der Erholungsschlaf.

7. Welche Schlafstadien kennen Sie?
Der NREM-Schlaf besteht aus vier Stadien:
– Stadium 1 und 2 sind leichter Schlaf,
– Stadium 3 und 4 Tiefschlaf.
Der REM-Schlaf ist nicht weiter unterteilt. Er schließt an das Schlafstadium 2 an.

8. Welche Wellentypen kennen Sie und wo kommen diese vor?
Es gibt δ- (3 Hz), θ- (6 Hz), α- (10 Hz), β- (20 Hz) und γ- (30 Hz) Wellen:
– δ- und θ-Wellen findet man vor allem im Schlaf.
– α-Wellen findet man im entspannten Wachzustand.
– β-Wellen sind ein Zeichen für gerichtete Aufmerksamkeit.
– γ-Wellen kann man während angespannter Aufmerksamkeit registrieren.

9. Bitte erläutern Sie, was den REM-Schlaf auszeichnet.
Der REM-Schlaf wird auch paradoxer Schlaf genannt, weil er Kennzeichen des Tiefschlafs wie eine hohe Weckschwelle aufweist, andererseits aber auch Kennzeichen des Wachzustands. So sieht z. B. das EEG desynchronisiert aus wie beim wachen Menschen. Weiterhin zeichnen den REM-Schlaf ein Tonusverlust der Stamm- und Extremitätenmuskulatur bei gleichzeitig schnellen Augenbewegungen aus.
Der REM-Schlaf ist der eigentliche Traumschlaf. Er dient wahrscheinlich dazu, das am Tag Erlebte zu wiederholen und damit im Gedächtnis zu festigen.

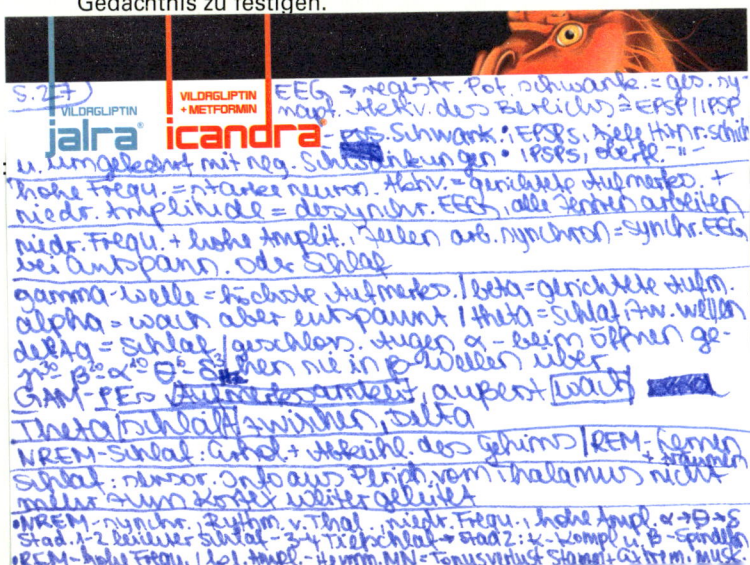

Pause

Lehn' Dich zurück und mach
doch einfach mal kurz Pause ...

5 Gedächtnis

Fragen in den letzten 10 Examen 4

Vieles im Zusammenhang mit den Funktionen unseres Gehirns sind bislang noch unbekannt. Eine davon ist das Gedächtnis. Die Dinge, die man mit Sicherheit weiß und daher auch fragt, wirst du in diesem Kapitel kennen lernen. Beschäftigt man sich mit dem Gedächtnis, so kann man dies zum einen auf makroskopischer Ebene tun. Hierbei geht es um die verschiedenen Gedächtnisformen, die Verhaltenslehre und die Hirnstrukturen, die an der Gedächtnisbildung beteiligt sind. Andererseits kann man sich mit dem Gedächtnis auch auf zellulärer und molekularer Ebene beschäftigen.

5.1 Gedächtnisformen

In diesem Abschnitt geht es um die Gedächtnisformen, ihre Lokalisation und die dazu gehörenden klinischen Aspekte. Die Lerntheorien sind dagegen Thema der Psychologie (s. Skript Psychologie 2) und werden hier nur kurz erwähnt.
Zu den Grundlagen der Lerntheorie gehören die Begriffe
- Habituation,
- Adaptation und
- Sensitivierung.

Bei allen dreien handelt es sich um **nichtassoziative Formen** des Lernens. Diese drei Formen des nichtassoziativen Lernens laufen unbewusst ab. Weiterhin gehören zum nichtassoziativen Lernen noch die bewusst ablaufenden kognitiven Lernvorgänge wie z. B. das Vokabeln lernen.

Unter **Habituation** versteht man die Gewöhnung eines Organismus an einen wiederholt dargebotenen Reiz. Dies führt zum Ignorieren des Reizes. Die Habituation läuft auf corticaler (zentraler) Ebene ab.

Bei der **Adaptation** kommt es zur Abnahme der Empfindlichkeit eines Sinnesorgans auf einen Reiz, wenn dieser wiederholt dargeboten wird. (Die Habituation findet also auf zentraler Ebene statt, die Adaptation dagegen im Sinnesorgan.)

Die **Sensitivierung** ist die Umkehr der Habituation. Beispiel: Durch ein Schreckereignis kann ein durch Habituation ignorierter Reiz wieder wahrgenommen werden.

Unter **assoziativem Lernen** werden die
- klassische und
- operante Konditionierung

zusammengefasst.
Durch Konditionierung werden Verhaltensweisen erlernt. Bei der klassischen Konditionierung wird ein unbedingter (natürlich vorhandener) Reiz zusammen mit einem bedingten (neuen, künstlichen) Reiz dargeboten. Dadurch wird die natürliche Reaktion auf den unbedingten Reiz auch durch den bedingten Reiz ausgelöst: Es kommt zur **Reizassoziation**.

Beispiel
Ein bekanntes Beispiel hierfür ist der Pawlowsche Hund. Der Hund setzt nach einiger Zeit das Klingeln einer Glocke (bedingter Reiz) mit dem Anblick eines Knochens (unbedingter Reiz) gleich. Hier bewirkt eine neue Situation (Glockenklingeln) also dieselbe Reaktion (Speichelfluss) wie die bereits bekannte (Knochenanblick). Mehr dazu im Skript Psychologie 2.

Bei der operanten Konditionierung wird ein Verhalten durch positive Verstärkung (Belohnung) oder negative Verstärkung (Beendigung eines unangenehmen Zustands) gefördert.

5 Gedächtnis

> **Übrigens ...**
> Das nichtassoziative Lernen unterscheidet sich vom assoziativen Lernen dadurch, dass beim assoziativen Lernen eine Verknüpfung geschaffen wird zwischen etwas Bekanntem und einer neuen Sache. Beim nichtassoziativen Lernen hingegen wird etwas Neues ins Gehirn gespeichert, ohne es mit bereits Bekanntem zu verknüpfen.

Soviel zur Theorie. Doch wie kommt es, dass wir das Gelernte auch anwenden können? Wenn man etwas lernt, so muss dies im Gedächtnis gespeichert werden. Für dieses Speichern sind im Gedächtnis zwei unterschiedliche Abteilungen zuständig:
– das deklarative (explizite) und
– das prozedurale (implizite) Gedächtnis.

Im **expliziten** Gedächtnis werden Fakten gespeichert. Hierzu gehören z. B. die nichtassoziativen kognitiven Lernvorgänge (Lernen durch Einsicht). Im **impliziten** Gedächtnis werden Fertigkeiten und Gewohnheiten gespeichert. Hierunter werden die Konditionierung (assoziatives Lernen) sowie die Habituation und Sensitivierung (nichtassoziatives Lernen) zusammengefasst.

Das prozedurale Gedächtnis entsteht ohne Beteiligung des Bewusstseins. Es findet in subkortikalen Hirnregionen statt. Kognitives Lernen läuft dagegen bewusst ab. Das deklarative Gedächtnis ist dabei auf den Hippocampus angewiesen.

> **Merke!**
> Das explizite Gedächtnis ist auf den Hippocampus angewiesen, das implizite auf subkortikale Hirngebiete.

Die hippocampale Hirnrindenregion liegt im medialen Anteil des Lobus temporalis. Bei bilateraler Schädigung des Hippocampus können daher keine neuen Fakten mehr gelernt werden, und es kommt zur anterograden Amnesie. Hierunter versteht man die Unfähigkeit, ab einem bestimmten Ereignis neue Dinge dazu zu lernen und sich an sie zu erinnern.

> **Merke!**
> Bei bilateraler Läsion des Hippocampus kommt es zur anterograden Amnesie und Störung des expliziten Gedächtnisses.

> **Übrigens ...**
> Die anterograde Amnesie ist unbedingt von der retrograden Amnesie abzugrenzen, bei der bereits gelernte Dinge wieder vergessen werden. Die anterograde Amnesie ist also von einem bestimmten Ereignis mit Hirnschädigung aus in die Zukunft gerichtet, die retrograde Amnesie in die Vergangenheit.

Zu guter Letzt kann das Gedächtnis noch in ein **Kurz- und ein Langzeitgedächtnis** eingeteilt werden. Diese Einteilung orientiert sich daran, wie lange eine Information gespeichert bleibt. Weiter unterteilt wird das Kurzzeitgedächtnis noch in ein sensorisches und ein primäres Gedächtnis, das Langzeitgedächtnis in ein sekundäres und tertiäres Gedächtnis. Tab. 11, S. 39 gibt dir einen Überblick über diese Gedächtnisformen.

Obwohl auf die molekularen Mechanismen erst im nächsten Abschnitt eingegangen wird, sei – mit Blick auf die schriftliche Prüfung – bereits an dieser Stelle erwähnt, dass eine Unterbrechung der Proteinbiosynthese vor allem das Langzeitgedächtnis beeinträchtigt.

5.2 Zelluläre Mechanismen

Gedächtnisform	sensorisch	primär	sekundär	tertiär
Kapazität	Information des Rezeptors	gering	sehr groß	sehr groß
Verweildauer	< 1 Sekunde	einige Sekunden	Minuten bis Jahre	dauerhaft
Zugriffsgeschwindigkeit	sehr schnell	sehr schnell	langsam	sehr schnell

Tab. 11: Sensorisches, primäres, sekundäres und tertiäres Gedächtnis

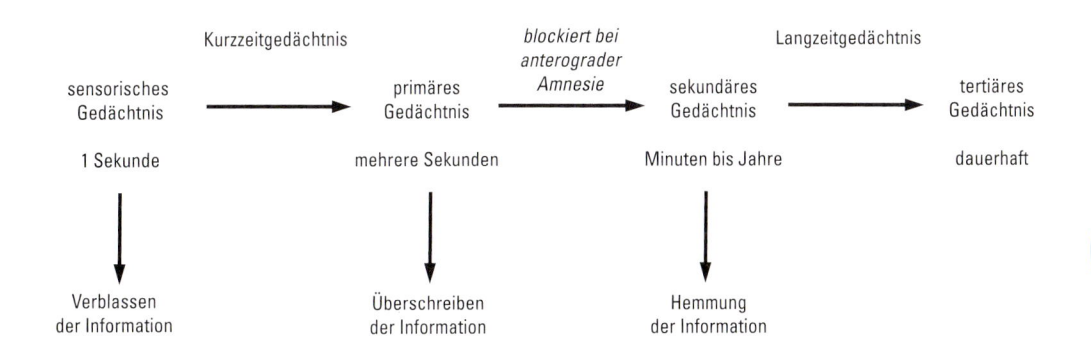

Abb. 17: Gedächtnisbildung medi-learn.de/6-physio3-17

5.2 Zelluläre Mechanismen

Die kleinste Einheit des Gedächtnisses ist ein Neuron. Schon hier auf zellulärer Ebene wird das Gedächtnis gebildet: Häufig benutzte Synapsen werden verstärkt, ähnlich wie ein Trampelpfad, der bei häufiger Benutzung immer besser ausgetreten ist. Eine Grundlage des zellulären Gedächtnisses ist der **NMDA (N-Methyl-D-Aspartat)-Rezeptor**. Sieht man sich die Prüfungsfragen an, so stößt man immer wieder auf diesen Rezeptor mit seinem komplizierten Namen. Aber das Ganze hört sich schwieriger an, als es ist.

Wie funktioniert es also, wenn eine häufig benutzte Synapse wie ein Pfad ausgetreten wird? Dieses Phänomen wird vor allem an den Pyramidenzellen des Hippocampus beobachtet und nennt sich **Langzeitpotenzierung (LTP)**. Sie führt dazu, dass die Amplitude eines eintreffenden EPSPs (exzitatorisches postsynaptisches Potenzial, s. 2.2.2, S. 19) zunimmt. Dadurch nimmt der Ca^{2+}-Einstrom zu und die synaptische Übertragung wird verbessert. Eine Wirkung, die Stunden bis Tage anhalten kann und nur bei wiederholter Aktivierung dieser Synapse ausgelöst wird. Zugrunde liegt der Langzeitpotenzierung ein **Anstieg des intrazellulären Calciums** im postsynaptischen Teil der Synapse. Hier kommt jetzt der NMDA-Rezeptor ins Spiel: Er ist es nämlich, der bei starker Depolarisation zum Anstieg des intrazellulären Calciums führt. Um das zu verstehen, musst du dir noch mal die verschiedenen Glutamat-Rezeptoren in Erinnerung rufen (s. Tab. 7, S. 20 und Tab. 8, S. 21): An den Synapsen im Hippocampus, die Glutamat als Transmitter benutzen, findet man

- zum einen die AMPA-Rezeptoren. Diese werden durch Glutamat aktiviert und lassen Na^+-Ionen ins Zellinnere. Dadurch kommt es zur Depolarisation.
- zum anderen die NMDA-Rezeptoren. Ist die Zelle nicht depolarisiert (Ruhepotenzial =

5 Gedächtnis

ca. –70 mV), so ist ihre Glutamat-Bindungsstelle mit Mg^{2+} besetzt und damit blockiert. Wird Glutamat freigesetzt, kann es daher zunächst nur an die AMPA-Rezeptoren binden.

Kommt es jedoch durch eine Aktionspotenzialserie der zuführenden Axone (Austreten des Trampelpfads) zu einer **starken postsynaptischen Depolarisation, werden die Mg^{2+}-Ionen abgestoßen** und die Bindungsstelle am NMDA-Rezeptor wird frei. Nun erst **kann Glutamat binden** und der Ionenkanal öffnet sich. Durch diesen Kanal gelangen sowohl Na^+- als auch Ca^{2+}-Ionen in die Zelle und die intrazelluläre Calciumkonzentration steigt an. Dadurch werden verschiedene Enzyme induziert, was auf lange Sicht zur Änderung der Proteinbiosynthese führt, die schließlich die Grundlage für die Bildung des Langzeitgedächtnisses ist.

> **Merke!**
>
> Der NMDA-Rezeptor ist ein Glutamat-Rezeptor. Er ist beim Ruhepotenzial durch Mg^{2+} blockiert. Erst bei starker Depolarisation wird die Glutamat-Bindungsstelle frei und es fließen Na^+- und Ca^{2+}-Ionen in die Zelle.

Übrigens ...
Die Langzeitpotenzierung und damit auch das Lernen/Übernehmen von Inhalten ins Langzeitgedächtnis kann durch NMDA-Rezeptorantagonisten verhindert werden.

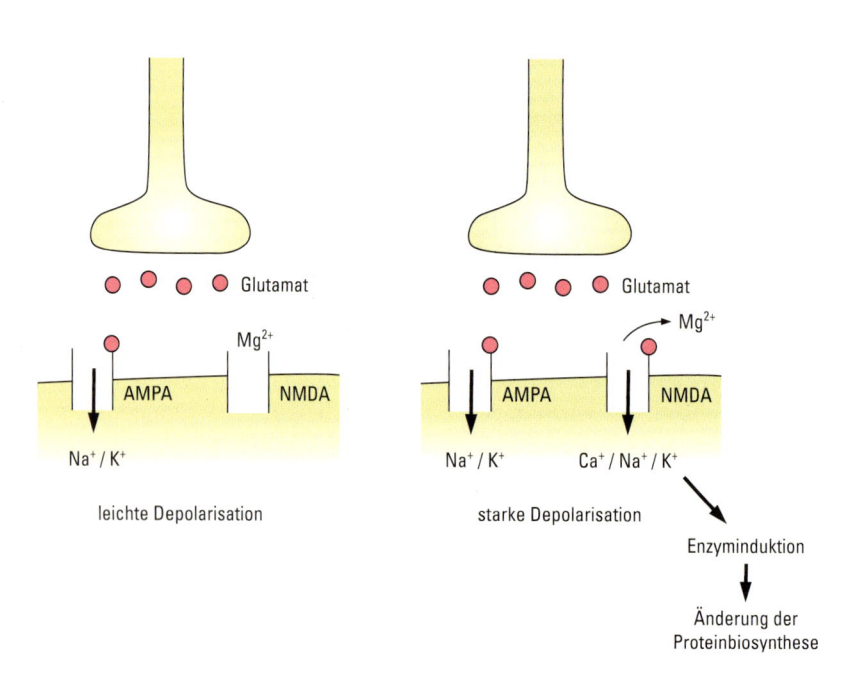

Abb. 18: NMDA-Rezeptor

medi-learn.de/6-physio3-18

DAS BRINGT PUNKTE

Folgende Aussagen zu den **Gedächtnisformen** wurden bislang häufiger in der schriftlichen Prüfung gefragt:
- Das explizite Gedächtnis ist auf den Hippocampus angewiesen, das implizite auf subcortikale Hirngebiete.
- Bei bilateraler Läsion des Hippocampus kommt es zur anterograden Amnesie.

Als richtig erkannt, liefert auch dieser Satz einen weiteren Examenspunkt:
- Die Langzeitpotenzierung an den Pyramidenzellen des Hippocampus kommt durch einen Anstieg des intrazellulären Calciums über den NMDA-Rezeptor zustande.

Unbedingt wissen solltest du, dass dieser **NMDA-Rezeptor**
- ein Glutamat-Rezeptor ist,
- beim Ruhepotenzial durch Magnesium-Ionen blockiert ist,
- durch starke Depolarisation deblockiert wird und
- ein Na^+- sowie Ca^{2+}-Kanal ist.

FÜRS MÜNDLICHE

Zu diesem Kapitel finden sich kaum Fragen im Mündlichen. Du kannst dich daher darauf beschränken, die typischen Fragen fürs Schriftliche zu lernen.
Für alle, denen dies zu wenig ist, stehen hier dennoch ein paar möglich Fragen und Antworten:

1. **Bitte erklären Sie, was man unter dem expliziten und was unter dem impliziten Gedächtnis versteht.**

2. **Bitte erläutern Sie, was man unter einer Amnesie versteht.**

3. **Welche weitere Einteilung der Gedächtnisformen kennen Sie?**

4. **Erläutern Sie, wie das Gedächtnis auf molekularer Ebene funktioniert.**

---

1. Bitte erklären Sie, was man unter dem expliziten und was unter dem impliziten Gedächtnis versteht.
Das explizite Gedächtnis wird auch deklaratives Gedächtnis genannt. Im expliziten Gedächtnis werden Fakten gespeichert, auf die wir bewusst zugreifen (z. B. Namen, Vokabeln, Matheformeln). Das implizite Gedächtnis wird auch prozedurales Gedächtnis genannt. Hier werden Fertigkeiten gespeichert (z. B. Autofahren, Klavierspielen).

2. Bitte erläutern Sie, was man unter einer Amnesie versteht.
Bei einer Amnesie kommt es zum Gedächtnisverlust.
- Bei der retrograden Amnesie vergisst man vorherige Ereignisse und Fakten. Ursache ist meist ein Schädel-Hirn-Trauma.
- Bei der anterograden Amnesie kann nichts Neues mehr gelernt werden. Sie tritt bei einer bilateralen Schädigung des Hippocampus auf.

FÜRS MÜNDLICHE

3. Welche weitere Einteilung der Gedächtnisformen kennen Sie?

Das Gedächtnis kann in ein Kurz- und ein Langzeitgedächtnis sowie in ein sensorisches, primäres, sekundäres und tertiäres Gedächtnis unterteilt werden:
- Das sensorische Gedächtnis befindet sich auf Rezeptorebene (< 1 Sekunde).
- Das primäre Gedächtnis speichert Informationen nur wenige Sekunden lang.
- Um über Monate bis Jahre abrufbar zu sein (z. B. der Prüfungsstoff), muss das Gelernte dann im sekundären Gedächtnis gespeichert werden.
- Im tertiären Gedächtnis befinden sich die Fakten dauerhaft, z. B. unser Name.

4. Erläutern Sie, wie das Gedächtnis auf molekularer Ebene funktioniert.

Um Informationen im Langzeitgedächtnis zu speichern, muss die Proteinbiosynthese geändert werden. Dies nennt man Langzeitpotenzierung. Wichtig hierbei ist der NMDA-Rezeptor.

Bei starker Depolarisation wird er aktiviert und lässt vermehrt Ca^{2+}-Ionen einströmen. Durch das erhöhte Ca^{2+} wird über Zwischenstufen letztendlich die Proteinbiosynthese verändert.

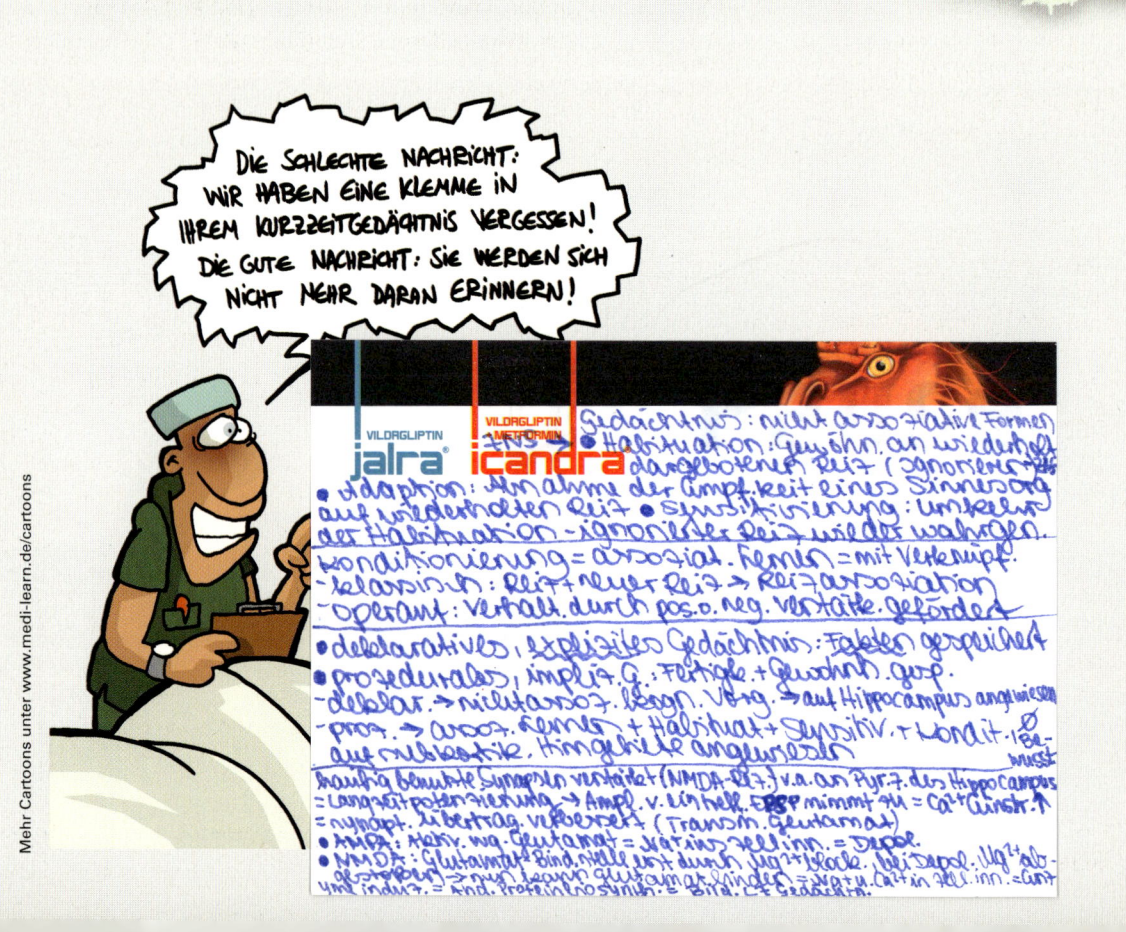

6.1 Dioptrischer Apparat

6 Visuelles System – Sehen

Fragen in den letzten 10 Examen: 37

Zum Kapitel Visuelles System fanden sich bislang immer einige Fragen in der schriftlichen Prüfung und es kann dir gut im Mündlichen begegnen. Mit der Physiologie des Sehens lernst du außerdem schon viele wichtige Grundlagen für die Augenheilkunde (s. 6.1.3, S. 47) und hast einen der wichtigsten Sinne des Menschen vor dir, denn die Evolution hat uns zu optischen Wesen gemacht.

Die Vorder- und Hinterkammer des Auges sind mit Kammerwasser gefüllt. Diese Flüssigkeit wird im Ziliarkörper der Hinterkammer gebildet und strömt durch die Pupille in die Vorderkammer. Von dort fließt es über den Schlemmkanal ab. Eine Mydriasis behindert diesen Abfluss. Normalerweise erzeugt das Kammerwasser einen Augeninnendruck von 10–21 mmHg.

Übrigens ...
Bei einem Glaukom steigt der Augeninnendruck an, was zur Schädigung des Sehnerven führt. Schlimmstenfalls droht die Erblindung. Wichtige Medikamente zur Behandlung des Glaukoms sind **Carboanhydrasehemmer** wie Azetazolamid und Dorzolamid. Diese Substanzen verringern die Kammerwasserproduktion.

6.1 Dioptrischer Apparat

Dieser Abschnitt hat viel mit Physik zu tun, was die meisten sicherlich erst einmal abschreckt. Aber keine Sorge: Die notwendigen physikalischen Grundlagen beschränken sich auf das Verständnis von brechenden Linsen und die Fragen des schriftlichen Examens hauptsächlich auf die Themen Berechnung der Akkommodationsbreite und Fehlsichtigkeiten.

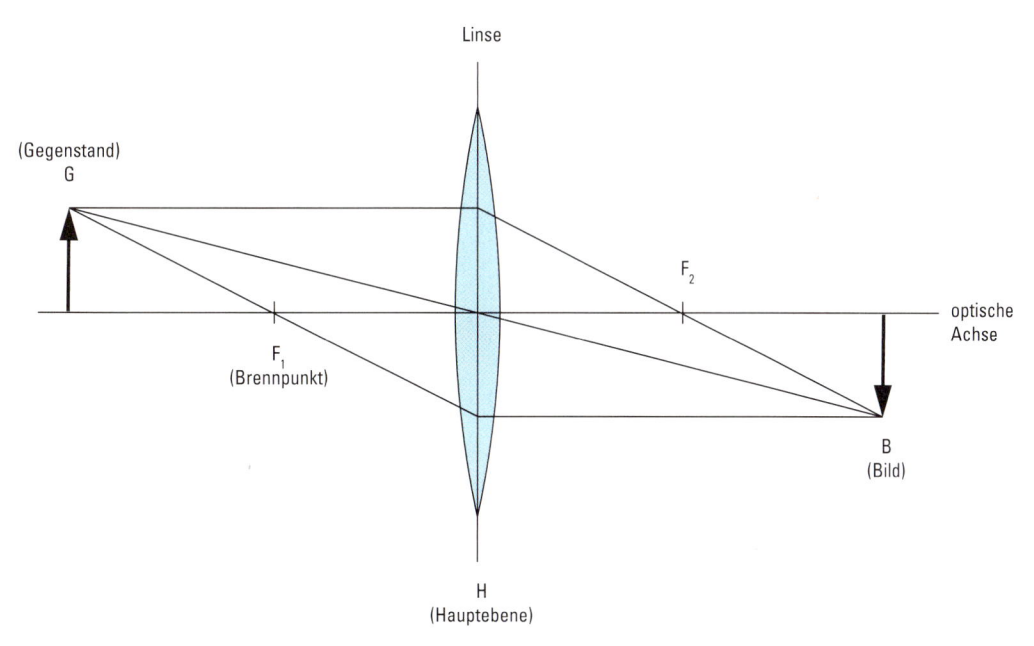

Abb. 19: Strahlengänge durch eine Linse

medi-learn.de/6-physio3-19

6 Visuelles System – Sehen

6.1.1 Das Auge als optisches System

Die Grundlage für das Verständnis des Auges bildet die Optik der Linsen: An einer Linse wird das Licht gebrochen. Hier gibt es verschiedene Punkte, Achsen und Ebenen, die du wahrscheinlich schon aus der Physik kennst. Die wichtigsten sind
- die **Hauptebene H**,
- die **optische Achse**,
- der **Brennpunkt F**,
- der **Knotenpunkt**.

Zudem sind die Regeln für die Brechung des Lichts zu beachten. Falls du dich nicht mehr an alles erinnerst, wäre jetzt der richtige Zeitpunkt, um die physikalischen Grundlagen zu wiederholen (s. Skript Physik).

Neben dem Brennpunkt spielen auch die Brechkraft und die **Brennweite** einer Linse eine wichtige Rolle für das Sehen. Eintreffende Strahlen werden durch die Linse gebrochen (abgelenkt): Achsenparallele Strahlen verlaufen nach der Brechung durch den Brennpunkt; Strahlen, die vor der Linse durch den Brennpunkt laufen, sind nach der Brechung achsenparallel (s. Abb. 19, S. 43). Der Brennpunkt ist dabei für jede Linse charakteristisch und unveränderlich. Sein Abstand von der Linse wird als Brennweite bezeichnet.

Hat eine Linse z. B. eine große Brennweite, so bricht sie die Strahlen schwach. Hierfür wurde der Begriff Brechkraft eingeführt, der angibt, wie stark die Strahlen gebrochen werden. Nun ist es Zeit, sich den Aufbau des Auges aus der Anatomie wieder in Erinnerung rufen. Im Auge gibt es zwei brechende Flächen:
1. die Cornea (Hornhaut) mit einer Brechkraft von 43 dpt und
2. die Linse, deren Brechkraft zwischen 19 dpt und 34 dpt verändert werden kann (Akkommodation, vergleichbar mit dem Zoomen eines Kamera-Objektivs).

Das eintreffende Licht wird zunächst an der Cornea gebrochen, tritt dann in die flüssigkeitsgefüllte vordere Augenkammer ein und trifft auf die Linse.

Unter einer Dioptrie (dpt) versteht man die Einheit der Brechkraft D. Sie entspricht 1/m und ist damit die Umkehrung der Brennweite f.
Brechkraft = 1/Brennweite,
Brennweite = 1/Brechkraft,
$D = 1/f$.
Bei 43 dpt beträgt die Brennweite der Cornea somit $1/43$ m $= 0{,}023$ m $= 2{,}3$ cm.

Die Gesamtbrechkraft des Auges ergibt sich NICHT direkt durch Addition. Bei einer Brechkraft der Linse von z. B. 19 dpt beträgt sie nämlich nur 58 dpt.

Die Brechkraft von Cornea und Linse ist an die angrenzenden Medien gebunden. Ändert sich das Medium vor der Hornhaut z. B. von Luft zu Wasser, so nimmt die Brechkraft ab, da Wasser einen höheren Brechungsindex hat als Luft. Deshalb sehen wir unter Wasser alles verschwommen. Theoretisch könnten daher Kurzsichtige (relativ zu starke Brechkraft s. 6.1.3, S. 47) mit einer bestimmten Brechkraft besser unter Wasser sehen als Normalsichtige. Allerdings ist niemand so kurzsichtig, dass er damit diesen Medienwechsel ausgleichen könnte.

Nach Brechung an der Linse gelangt das Licht in den flüssigkeitsgefüllten Corpus vitreum (Glaskörper), um dann schließlich auf die Retina (Netzhaut) zu treffen. Dort entsteht ein verkleinertes und umgekehrtes Bild des gesehenen Gegenstands. Die Retina gleicht somit dem Film in einer Kamera.

> **Merke!**
>
> Das Bild auf der Retina ist verkleinert und umgekehrt.

Man kann Cornea und Linse auch als eine brechende Fläche zusammenfassen. Dadurch entsteht das sogenannte **reduzierte Auge**. In diesem Modell (s. Abb. 20, S. 45) lässt sich aus der Entfernung des Gegenstands von der zusammengefassten brechenden Fläche (Gegenstandsweite g) und aus dem Abstand von dieser Fläche zur Abbildung (Bildweite b) die Brennweite f und die Brechkraft D des gesamten Auges bestimmen:

$$\frac{1}{g} + \frac{1}{b} = \frac{1}{f} = D$$

Bei einem sehr weit entfernten Gegenstand mit g gegen ∞ (unendlich) geht 1/g gegen 0. Dann gilt:

$$D = \frac{1}{f} = \frac{1}{b}$$

Die Funktion der Blende einer Kamera wird im Auge von der Iris (Regenbogenhaut) übernommen. Sie kann weit (Mydriasis) oder eng (Miosis) gestellt werden, wodurch mehr oder weniger Licht auf die Retina gelangt. Diese Reaktionen werden sympathisch (Mydriasis) und parasympathisch (Miosis) reguliert. Zur Mydriasis kommt es durch Kontraktion des M. dilatator pupillae, zur Miosis durch Kontraktion des M. sphincter pupillae. Die parasympathische Innervation erfolgt durch den Edinger-Westphal-Kern über den N. oculomotorius. Umgeschaltet wird im Ganglion ciliare. Die sympathische Innervation erfolgt über den thorakalen Sympathikus mit Umschaltung im Ganglion cervicale superius.

Der Parasympathikus kann durch Atropin, den Wirkstoff der Tollkirsche, gehemmt werden.
Die Tränendrüse wird sympathisch und parasympathisch innerviert.
Da die Linse den Regeln der Optik folgt, findet man an ihr auch zwei wichtige, weil gern gefragte Phänomene:
– die **chromatische Aberration** und die
– **sphärische Aberration**.
Die chromatische (farbliche) Aberration kommt dadurch zustande, dass kurzwelliges Licht (blau) stärker gebrochen wird als langwelliges (rot).
Sphärische Aberration bedeutet, dass Licht am Rand der Linse stärker gebrochen wird als in Nähe der optischen Achse. Dieses Phänomen kann durch Engstellung der Pupille reduziert werden, da dann kein Licht mehr auf die Ränder der Linse trifft.

> **Merke!**
>
> – Kurzwelliges, blaues Licht wird stärker gebrochen als langwelliges, rotes Licht.
> – Die sphärische Aberration nimmt bei Pupillenweitstellung zu.

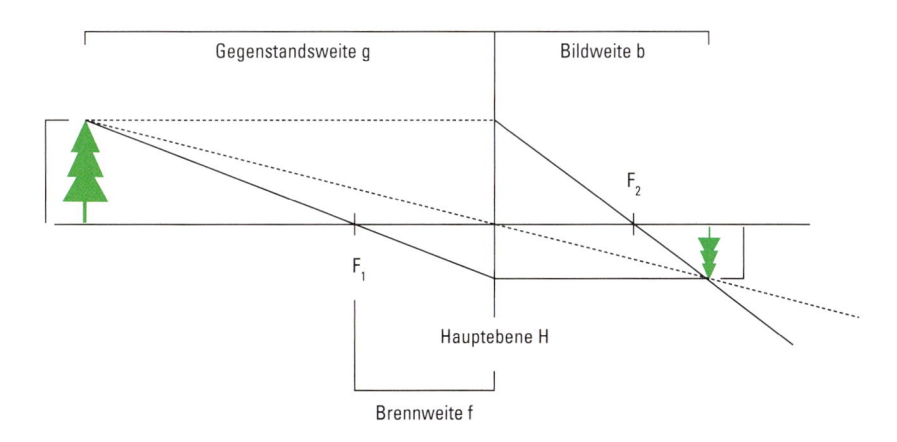

Abb. 20: Gegenstandsweite, Bildweite und Brennweite

Übrigens ...
Um einen roten Gegenstand scharf abzubilden, muss die Linse eine stärkere Brechkraft einstellen (stärkere Akkommodation) als bei einem blauen Gegenstand, der in gleicher Entfernung steht. Da unser Gehirn jedoch gelernt hat, dass wir für nähere Gegenstände eine größere Brechung brauchen, erscheint uns der rote Gegenstand näher. Das kannst du selbst testen, wenn du einen roten und blauen Gegenstand in gleicher Entfernung betrachtet.

6.1.2 Akkommodation

Unter der Akkommodation versteht man die **Änderung der Brechkraft**. Bei unserer Linse liegt sie zwischen 19 und 34 dpt. Diese Flexibilität dient dazu, sowohl nahe als auch weit entfernte Gegenstände scharf auf der Netzhaut abbilden zu können.

Bei einem nahen Gegenstand fallen die Lichtstrahlen in einem großen Winkel auf die Linse und der Gegenstand erscheint größer. Um diese Lichtstrahlen auf einen Punkt der Retina zu bündeln, muss das Licht stark gebrochen werden. Die Oberfläche der Linse muss dazu stark **abgerundet** werden, was man als **Nahakkommodation** bezeichnet. Bei der Nahakkommodation kommt es zur Miosis und zur Konvergenzbewegung beider Augen.

Ein weit entfernter Gegenstand wird dagegen scharf abgebildet, wenn die Brechkraft der **Linse** gering und die Oberfläche daher möglichst **flach** ist. Dies nennt man **Fernakkommodation**. Für sich betrachtet, hat die Linse eine runde Form und würde auf die Nähe eingestellt sein. Da die Linse jedoch an den Zonulafasern aufgehängt ist, die an ihr ziehen und sie in eine abgeflachte Form bringen, ist unser Auge in Ruhe fernakkommodiert. Fernakkomodation findet in unserem Auge also ohne Arbeit statt. Die Spannung der Zonulafasern erfolgt dabei passiv durch den Augeninnendruck.

Um den Zug der Zonulafasern an der Linse zu lockern, muss dagegen Arbeit aufgewendet werden. Diese Arbeit führt der M. ciliaris aus, an dem die Zonulafasern aufgehängt sind. Da er ein Ringmuskel ist, verkleinert sich bei der Kontraktion das Loch in seiner Mitte, die Zonulafasern erschlaffen und die Linse kann ihre entspannte kugelige Form einnehmen. Dadurch nehmen ihre Krümmung und ihre Brechkraft zu. Nahakkommodation ist also anstrengend, was du sicher aus eigener Erfahrung kennst: Bei langem Lesen beginnen die Augen zu schmerzen.

> **Merke!**
>
> Nahakkommodation → Kontraktion des M. ciliaris → Abnahme der Spannung der Zonulafasern → stärkere Krümmung der Linse.

Ein Thema, das immer wieder in der schriftlichen Prüfung gefragt wurde, ist die Berechnung der **Akkommodationsbreite**. Darunter versteht man die Differenz zwischen der größten und der geringsten Dioptrienzahl. Beim gesunden Jugendlichen beträgt sie 34 dpt – 19 dpt = 15 dpt. Bestimmt wird die Akkommodationsbreite mit Hilfe des Nah- und Fernpunkts:

– Der **Nahpunkt** ist die kürzeste Entfernung, in der sich ein Gegenstand vor der Linse befindet, der noch scharf gesehen werden kann.
– Der **Fernpunkt** ist die weiteste Entfernung, in der sich ein Gegenstand vor der Linse befindet, der noch scharf gesehen werden kann.

> **Merke!**
>
> $$\text{Akkommodationsbreite [dpt]} = \frac{1}{\text{Nahpunkt [m]}} - \frac{1}{\text{Fernpunkt [m]}}$$

6.1.3 Refraktionsanomalien

> **Übrigens ...**
> Bei einem gesunden Jugendlichen liegt der Fernpunkt im Unendlichen. 1/Fernpunkt ist damit fast Null und die Akkommodationsbreite = 1/Nahpunkt. Mit der obigen Formel lässt sich daher die Akkommodationsbreite eines Normalsichtigen (Emmetropen) mit dem Nahpunkt allein berechnen.
> Liegt dagegen der Fernpunkt nicht im Unendlichen, z. B. bei einem Kurzsichtigen (Myopen, 6.1.3, S. 47), so wird dir das in der schriftlichen Prüfung angegeben und du musst sowohl Nah- als auch Fernpunkt in die Formel einsetzen.

Wenn der Mensch altert, nimmt der Flüssigkeitsgehalt der Linse und damit auch ihre maximale Krümmung ab (der Bauch der Linse wird kleiner). Als Folge verringert sich ihre maximale Brechkraft, und der Nahpunkt rückt weiter vom Auge weg. Der Fernpunkt bleibt dagegen unverändert im Unendlichen. Daraus resultiert eine Abnahme der Akkommodationsbreite. Da nahe Gegenstände nicht mehr scharf gesehen werden können, spricht man von Altersweitsichtigkeit oder **Presbyopie**.

> **Übrigens ...**
> Die Presbyopie darf nicht mit der Hyperopie (Weitsichtigkeit, 6.1.3, S. 47) verwechselt werden. Der Presbyope ist für sein Alter nämlich normalsichtig (emmetrop). Im Vergleich zum jugendlich Emmetropen hat lediglich seine Akkommodationsbreite abgenommen.

6.1.3 Refraktionsanomalien

Unter Refraktionsanomalien versteht man Abbildungsfehler des optischen Systems. Hierbei werden Bilder vor (Kurzsichtigkeit) oder hinter (Weitsichtigkeit) der Retina abgebildet, wodurch in beiden Fällen auf der Retina ein unscharfes Bild entsteht. Normalsichtige Menschen werden als **Emmetrope** bezeichnet, fehlsichtige nennt man **Ametrope**. Der Fehler liegt bei den Refraktionsanomalien im Verhältnis von Brechungskraft der Linse zu Bulbuslänge. Unter dieser Art von Fehlsichtigkeiten leiden die meisten Patienten einer Augenarztpraxis. Die Behandlung erfolgt meist mit einer Brille.

Bei der **Myopie** (**Kurzsichtigkeit**) ist der Bulbus (Augapfel) im Verhältnis zur Brechkraft des Auges relativ zu lang (s. Abb. 21, S. 48). Die Akkommodationsbreite ist aber normal. Als Ursache findet sich meist eine absolute Achsenverlängerung des Bulbus, seltener ist die Krümmung der Cornea absolut zu stark. Dadurch ist der Bereich, in dem scharf gesehen werden kann, näher zum Auge hin verschoben. Sieht ein Myoper einen nahen Gegenstand, entsteht das Bild auf der Retina, wobei allerdings sein Auge auf Fernakkommodation (geringere Linsenkrümmung) eingestellt ist, um die relativ zu große Brechkraft auszugleichen. Blickt ein Kurzsichtiger dagegen in die Ferne, so entsteht das Bild nicht auf der Retina, sondern davor, da die Strahlen aus der Ferne zu stark gebrochen werden. Eine geringere Brechung – wie sie für die Ferne benötigt wird – kann nicht eingestellt werden. Aufgrund der zu großen Brechkraft befindet sich bei Myopen der Nahpunkt näher am Auge als bei Emmetropen, und der Fernpunkt ist reell (liegt also NICHT im Unendlichen). Will man eine Myopie ausgleichen, so müssen die relativ zu stark gebrochenen Strahlen zerstreut werden, was mit Hilfe einer Streulinse (konkave Oberfläche) gelingt.

Die Brechkraft von Streulinsen ist negativ, da sie nicht bündeln, sondern streuen.

Um den Fernpunkt eines Kurzsichtigen zu verschieben, gilt folgende Formel:

$$\text{Dioptriestärke der Brille} = \frac{1}{\text{Fernpunkt korrigiert}} - \frac{1}{\text{Fernpunkt myop}} = -\frac{1}{\text{Fernpunkt myop}}$$

Hat ein Myoper z. B. einen Fernpunkt von 50 cm, so braucht er Streulinsen mit $-1/50 \text{ cm} = -1/0{,}5 \text{ m} = -2 \text{ dpt}$, um den Fernpunkt ins Unendliche zu verschieben.

6 Visuelles System – Sehen

Die Akkommodationsbreite ist bei Myopen und Hyperopen unverändert (auch mit Brille). Um sie zu berechnen, musste man in der schriftlichen Prüfung häufig den korrigierten Nah- und Fernpunkt mit Brille ausrechnen und diesen anschließend in die Formel einsetzen.

> **Merke!**
>
> Bei der Myopie ist
> - die Akkommodationsbreite nicht eingeschränkt,
> - die Brechkraft relativ zur Bulbuslänge zu groß,
> - das Bild vor der Retina,
> - der Nahpunkt näher am Auge,
> - der Fernpunkt reell = nicht im Unendlichen und
> - eine Streulinse indiziert.

Bei der Hyperopie (**Hypermetropie oder Weitsichtigkeit**) ist der Augapfel im Verhältnis zur Brechkraft zu kurz. Hier kann eine absolut zu kurze Achsenlänge oder eine absolut zu geringe Krümmung der Cornea vorliegen. Auch hier sind falsche Achsenlängen die häufigeren Ursachen und die Akkommodationsbreite ist nicht verändert. Ein Hyperoper muss daher nahakkommodieren, um Gegenstände in mittlerer Entfernung abzubilden. Seine Linse bricht relativ zu schwach, was er in mittlerer Entfernung noch mit der größtmöglichen Brechkraft der

Fernakkommodation:
ferner Gegenstand
unscharfes Bild

Nahakkommodation:
ferner Gegenstand
scharfes Bild

Fernakkommodation:
naher Gegenstand
scharfes Bild

Nahakkommodation:
naher Gegenstand
unscharfes Bild

− dpt

Fernakkommodation
und (−) Brille:
ferner Gegenstand
scharfes Bild

+ dpt

Fernakkommodation
und (+) Brille:
scharfes Bild

− dpt

Nahakkommodation
und (−) Brille:
naher Gegenstand
scharfes Bild

+ dpt

Nahakkommodation
und (+) Brille:
scharfes Bild

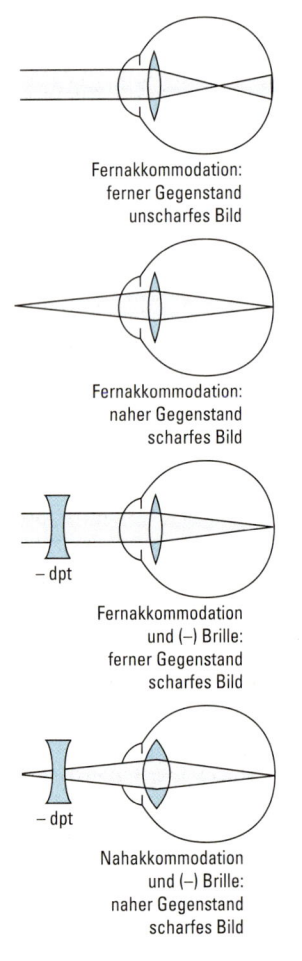

Abb. 21: Myopie links, Hyperopie rechts

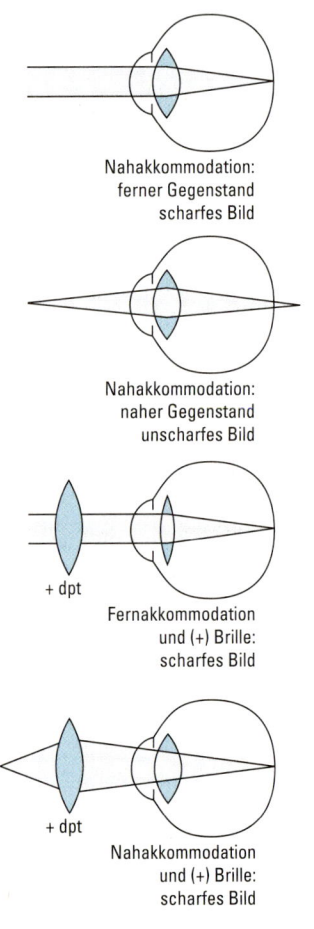

medi-learn.de/6-physio3-21

6.1.3 Refraktionsanomalien

Linse (Nahakkommodation) ausgleichen kann. In der Nähe gelingt ihm das nicht mehr, sodass jetzt das Bild hinter der Netzhaut entsteht. Der Fernpunkt eines Hyperopen liegt im Unendlichen, sein Nahpunkt ist weiter entfernt von der Cornea als beim Emmetropen. Um die relativ zu geringe Brechkraft auszugleichen, braucht ein Hyperoper daher Sammellinsen (konvexe Oberfläche), die die Strahlen bündeln.

Um den Nahpunkt eines Weitsichtigen zu verschieben, gilt folgende Formel:

1/Nahpunkt (korrigiert) – 1/Nahpunkt (hyperop) = Dioptriestärke der Linse.

Beispiel: Um einen Nahpunkt von 50 cm auf 25 cm zu verlagern, braucht man eine Linse mit 2 Dioptrien, da 1/0,25 – 1/0,5 = 4 – 2 = 2.

Eine spezielle konvexe Linse ist die Lupe. Sie wird zum Vergrößern benutzt. Der Vergrößerungsfaktor hängt von der Dioptriestärke ab und berechnet sich wie folgt:

Vergrößerung = Brechkraft (in Dioptrien) · deutliche Sehweite (in Metern).

Die deutliche Sehweite ist bei Normalsichtigen festgelegt auf 25 cm (0,25 m). Ansonsten wird sie in der schriftlichen Prüfung angegeben. Um den Vergrößerungsfaktor zu berechnen, musst du daher die Dioptriestärke durch 4 teilen (= · 0,25). Für ein scharfes Bild entspricht die Entfernung zwischen Lupe und Gegenstand der Brennweite (a = f).

In Tab. 12, S. 49 sind die wichtigsten Merkmale von Myopie und Hyperopie zusammengefasst:

	Myopie	Hyperopie
Akkommodationsbreite	unverändert	unverändert
Verhältnis Brechkraft zu Bulbuslänge	zu groß	zu klein
Bild	vor Retina	hinter Retina
Nahpunkt	näher am Auge	weiter entfernt vom Auge
Fernpunkt	reell	im Unendlichen
Brille	Streulinse	Sammellinse

Tab. 12: Vergleich Myopie und Hyperopie

Bei hyperopen Kindern gibt es eine Besonderheit: Sie können stärker nahakkommodieren als Erwachsene und schaffen es daher, auch sehr nahe Gegenstände scharf zu sehen. Allerdings ist dies IMMER mit Schielen verbunden. Das kannst du nachstellen, indem du dir einen Finger dicht vor die Augen hältst.

> **Übrigens …**
> Beim kindlichen Schielen wird das Gehirn durch Doppelbilder verwirrt. Im Gegensatz zum physiologischen Schielen beim Anblick des Fingers vor der Nase werden beim pathologischen (immer vorhandenen) kindlichen Schielen Gegenstände, die sich 30 cm oder weiter entfernt vor dem Auge befinden, doppelt gesehen. Die Folge davon ist, dass das Gehirn ein Auge abschaltet und die Kinder auf diesem Auge eine Amblyopie (Schwachsichtigkeit) entwickeln. Deswegen muss bei schielenden Kindern umgehend eine Hyperopie abgeklärt und sofort mit einer Brille behandelt werden.

Die dritte und letzte prüfungsrelevante Refraktionsanomalie ist der **Astigmatismus** (**Stabsichtigkeit**). Hierbei liegt eine **Krümmungsanomalie** der Cornea vor, wodurch auf der Retina kein scharfes Bild mehr entsteht. Physiologisch ist die Cornea vertikal stärker gekrümmt als horizontal. So lange dieser Wert 0,5 dpt nicht überschreitet, ist alles in Ordnung. Pathologisch wird es erst, wenn die Krümmung in einer Ebene um mehr als 0,5 dpt über der in der anderen Ebene liegt, da sich dann die Strahlen eines Gegenstandpunktes nicht mehr in einem Bildpunkt, sondern in einer Linie (Stab) sammeln. Diesen Astigmatismus zweier Ebenen zueinander nennt man **regulär**. Zur Behandlung dienen Zylindergläser, die nur in einer Ebene das Licht sammeln (Pluszylinder) oder zerstreuen (Minuszylinder). Sind die Krümmungsunterschiede dagegen nicht an Ebenen gebunden, sondern

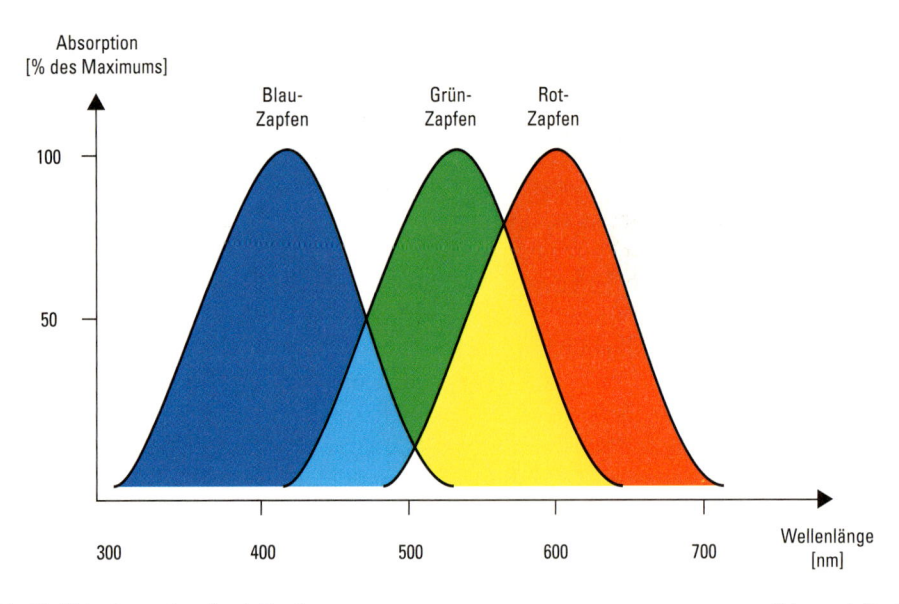

Abb. 22: Lichtabsorption durch Zapfen
medi-learn.de/6-physio3-22

betreffen die gesamte Hornhaut unregelmäßig, spricht man von einem **irregulären Astigmatismus**. Hier erfolgt die Behandlung mit harten Kontaktlinsen.

Der Visus ist die maximale Sehschärfe an der Stelle des schärfsten Sehens. Er ist gleichzusetzen mit dem Auflösungsvermögen der Retina und wird in $V = 1/\alpha$ (in Winkelminuten) angegeben. Der Begriff Auflösungsvermögen besagt, wie weit zwei Punkte in einer bestimmten Entfernung auseinander liegen können, um gerade noch getrennt wahrgenommen zu werden (welchen kleinsten Winkel α zwei Geraden durch diese Punkte mit der Retina bilden). Daher hängt der Visus von der Dichte der Zapfen (Sinneszellen) ab und NICHT – wie die Refraktionsanomalien – von der Bulbuslänge oder der Krümmung der Cornea. Achte bitte darauf, Fehlsichtigkeiten NICHT mit einem erniedrigten Visus gleichzusetzen. Ein Ametroper kann nämlich mit Brille durchaus einen normalen Visus von 1 haben.

Der Sehwinkel kann statt in Winkelminuten auch in rad angegeben werden. Eine Winkelminute 1´ entspricht $0{,}291 \cdot 10^{-3}$ rad. Um den Abstand zweier Linien bei vorgegebenem Visus und Entfernung der Linien vom Auge zu berechnen, gilt: Sehwinkel in rad · Entfernung vom Auge in Metern = Abstand der Linien in Metern.

6.2 Hell-Dunkel- und Farbsehen

Am hellen Tag können wir die Welt in allen Farben sehen. Gehen wir ins Dunkle, so sehen wir zunächst gar nichts. Dann fangen wir langsam an, Umrisse zu erkennen, bis wir auch bei geringen Lichtverhältnissen sehen können. Unsere Sehschärfe ist im Dunkeln jedoch nicht so gut wie im Hellen und zudem erscheinen uns alle Katzen grau. Erheben wir nachts den Blick gen Himmel und sehen einen Stern, so verschwindet dieser, sobald wir ihn fixieren. Wie kommt das alles?

In unserer Netzhaut gibt es zwei Zelltypen, die für die Registrierung von Lichtreizen zuständig sind:
– die Zapfen und
– die Stäbchen.

Das Sehen mit den Zapfen wird **photopisches (Tag-) Sehen** genannt, das mit den Stäbchen **skotopisches (Nacht-) Sehen**.

Die Zapfen sind für das **Farbsehen** zuständig und haben eine **geringe Lichtempfindlichkeit**. D. h. ihre Absolutschwelle zur Auslösung

6.2 Hell-Dunkel- und Farbsehen

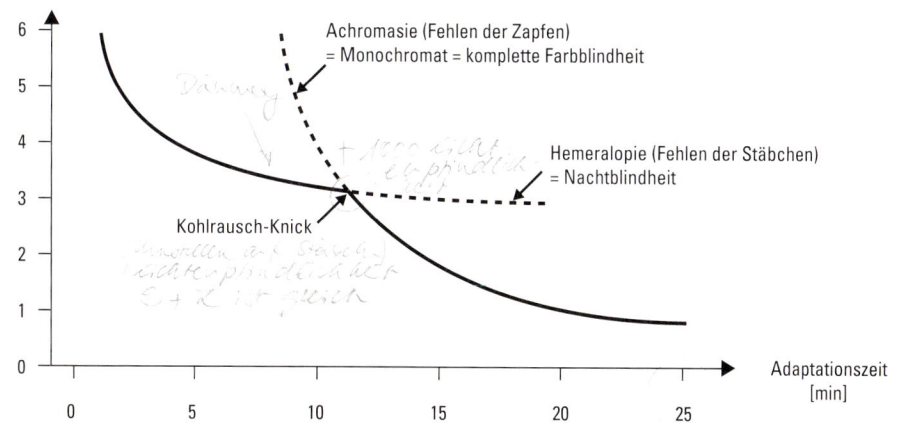

Abb. 23: Dunkeladaptation

eines Rezeptorpotenzials ist höher als die der Stäbchen. Deshalb können wir sie nur im Hellen benutzen. Wird es dunkler, so ist ihre Empfindlichkeit zu gering.

Zur Wahrnehmung der unterschiedlichen Farben haben wir **drei Zapfentypen**: einen für Rot, einen für Blau und einen für Grün. In Kombination ermöglichen sie uns den Sinneseindruck aller sichtbaren Farben.

Entsprechend den drei Zapfentypen gibt es bei deren Ausfall eine

- Protanopie (Rotblindheit),
- eine Deuteranopie (Grünblindheit),
- eine Tritanopie (Blaublindheit).

Dabei kommt die Protanopie am häufigsten vor, bei der rot und grün miteinander verwechselt werden.

> **Übrigens ...**
> Farbenblindheit wird x-chromosomal rezessiv vererbt und tritt deswegen häufiger bei Männern auf.

Liegt nur eine Farbschwäche vor, so spricht man statt von einer Anopie von einer Anomalie, z. B. der Protanomalie (Rotschwäche).

Die **Zapfen** ermöglichen eine sehr hohe **Sehschärfe**. Der Visus beim photopischen Sehen ist daher größer als beim skotopischen. Dies liegt u. a. daran, dass bei der Informationsweitergabe von Zapfenzellen auf Ganglienzellen eine geringere Konvergenz (Zusammenfließen) herrscht, als von Stäbchenzellen auf Ganglienzellen. Die Ganglienzellen, die mit Zapfen verbunden sind, haben daher kleine **rezeptive Felder** (s. 6.5.2, S. 59), wodurch das Auflösungsvermögen vergrößert wird. In der Fovea centralis ist die Zapfendichte in der Macula lutea (gelber Fleck) am höchsten. Dementsprechend ist hier auch die photopische Sehschärfe am größten. Wenn wir daher einen Gegenstand fixieren, stellen wir ihn auf die **Macula lutea** ein.

Außerdem sind die Zapfen fähig, einzelne Bilder auch bei hohen Abspielfrequenzen getrennt voneinander wahrzunehmen. Bei den Stäbchen ist diese Fusionsfrequenz geringer. Obwohl die Stäbchen in vielen Punkten schlechter abschneiden als die Zapfen, haben sie doch einen großen Vorteil: Ihre Lichtempfindlichkeit ist wesentlich höher als die der Zapfen. Deshalb benutzen wir die Stäbchen im Dunkeln. Da es aber nur einen Stäbchentyp gibt, der auf blau-grünes Licht reagiert, befähigen sie uns nur zum Schwarz-Weiß-Sehen. Die Stäbchen können also KEINEN Farbeindruck vermitteln.

> **Übrigens ...**
> Fotografen, die Bilder entwickeln und zwischendurch ins Helle müssen, tra-

gen dazu rote Brillengläser. Grund: Da die Stäbchen nur auf blau-grünes Licht reagieren, wird ihr Rhodopsin durch das ins Auge gelangende rote Licht nicht verbraucht.

Die **Stäbchen** stehen **in der Umgebung der Fovea centralis (parafoveal) am dichtesten**. In der Fovea selbst finden sich nur Zapfen. In der Peripherie der Retina finden sich fast ausschließlich Stäbchen. Da das Licht vom Rand des Gesichtsfelds auf die Peripherie der Netzhaut trifft, sehen wir es dort nur in Schwarz-Weiß. Zur Veranschaulichung der Verteilung von Zapfen und Stäbchen auf der Netzhaut dient die Abb. 24, S. 52. Wenn wir nachts ein Objekt geringer Lichtintensität – wie einen Stern – fixieren, stellen wir es auf die Fovea centralis (Ort des schärfsten Sehens) ein. Da hier jedoch nur Zapfen sind, ist diese Stelle der Netzhaut fürs Nachtsehen ungeeignet und der Stern scheint beim genauen Hinsehen zu verschwinden.

Schauen wir dagegen knapp am Stern vorbei, so stellen wir ihn auf die Umgebung der Fovea ein. Hier ist die Stäbchendichte am höchsten und wir können den Stern gut sehen.

Um von Hell- auf Dunkelsehen umzustellen, müssen wir von Zapfen auf Stäbchen umschalten. Dabei bedienen wir uns zweier Mechanismen:
– der schnellen Dunkeladaptation und
– der langsamen Dunkeladaptation.
Beginnen wir mit der schnellen Dunkeladaptation (Zapfen-vermittelt): Bei hellem Licht sind die Stäbchen gehemmt. Nimmt die Lichtintensität ab, so wird zunächst die Pupille erweitert und die Zapfen passen sich an die schwächeren Lichtverhältnisse an. In der Dämmerung (mesotopisches Sehen) reicht die Lichtempfindlichkeit der Zapfen also noch aus. Fällt die relative Leuchtdichte dagegen weiter ab, so setzt die langsame Dunkeladaptation ein und es findet eine Umstellung auf die Stäbchen

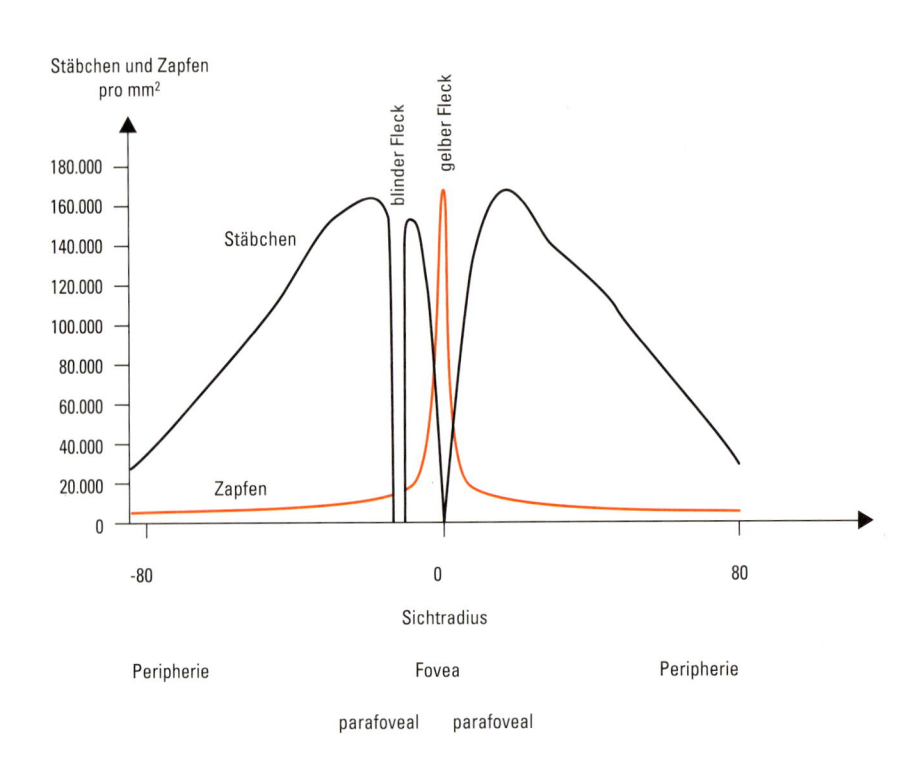

Abb. 24: Verteilung von Zapfen und Stäbchen auf der Netzhaut

medi-learn.de/6-physio3-24

statt. Diese dauert ca. zehn Minuten und ist in einem Diagramm zum Adaptationsverlauf als **Kohlrausch-Knick** zu erkennen.

Am Kohlrauschknick hat sich die Lichtempfindlichkeit der Zapfen gegenüber dem Ausgangspunkt (hell), um ca. den Faktor 10^3, also 1000 erhöht. Zu diesem Zeitpunkt ist die Lichtempfindlichkeit der Zapfen und Stäbchen gleich groß. Die weitere Stäbchenadaptation dauert noch 15-20 Minuten, sodass die gesamte Dunkeladaptation ca. 25-30 Minuten braucht.

Die rezeptiven Felder der Ganglienzellen, die mit den Stäbchen verbunden sind, sind größer als die der Zapfen. Dies führt zwar zur Abnahme der Sehschärfe, ermöglicht es aber den Stäbchen, auch unterschwellige Reize wahrzunehmen.

Insgesamt ist die Anzahl der Zapfen geringer als die der Stäbchen.

Zapfen und Stäbchen besitzen dasselbe Retinal, aber ein anderes Opsin (6.3, S. 53).

	Zapfen	Stäbchen
Tag-/Nacht-Sehen	Tag	Nacht
Lichtempfindlichkeit	gering	hoch
Sehschärfe (Visus)	groß	klein
Farbensehen	ja	nein (Schwarz-Weiß-Sehen)
höchste Dichte	Fovea centralis	parafoveal
rezeptive Felder der assoziierten Ganglienzellen	klein	groß
Bildfusionsfrequenz	hoch	gering

Tab. 13: Vergleich prüfungsrelevanter Eigenschaften von Zapfen und Stäbchen

6.3 Rezeption und Transduktion – der Blick ins Detail

Stäbchen und Zapfen sind ganz besondere Sinneszellen, denn im Gegensatz zu den übrigen Sensoren reagieren sie auf einen Lichtreiz mit **Repolarisation** und einer **Abnahme der Transmitterausschüttung**. Wie kann das funktionieren? Normalerweise führt ein Reiz doch zu einer Erregung der Zelle! Die Antwort auf diese Frage findest du in diesem Kapitel. Der Sehvorgang wird hier am Beispiel der Stäbchen dargestellt. Der Rezeptor für Lichtreize ist in den Stäbchen das Rhodopsin. Dieses Molekül besteht aus einem Opsin und 11-cis-Retinal (ein Abkömmling von Vitamin A). Das Retinal besitzt in seiner Kohlenstoffkette an Position C-11 eine Doppelbindung, die in cis-Form vorliegt, und ist in ein Protein (das Opsin) eingebettet. In ihrem Außenglied (s. 6.5, S. 57) besitzen die Stäbchen Membranscheiben mit Rhodopsin. Das darin enthaltene 11-cis-Retinal absorbiert Licht. Dadurch werden seine 11-cis-Doppelbindungen in 11-trans-Doppelbindungen umgewandelt und das Retinal wird als all-trans-Retinal bezeichnet. Diese Konformationsänderung überträgt sich auf das Opsin, wodurch das Rhodopsin zu Metarhodopsin II (fotoaktiviertes Rhodopsin) wird. Das all-trans-Retinal wird dann vom Opsin abgelöst und in den Zellen des Pigmentepithels wieder zu 11-cis-Retinal umgewandelt.

> **Merke!**
>
> Durch Lichteinwirkung wird 11-cis-Retinal zu all-trans-Retinal und damit Rhodopsin zu Metarhodopsin II.

Der Unterschied zwischen Stäbchen und Zapfen besteht im Opsin. Unterschiedliche Opsine können nämlich Licht unterschiedlicher Wellenlänge (unterschiedliche Farben) absorbieren (zur Farbwahrnehmung s. 6.2, S. 50). Hierbei ist Rhodopsin in den Stäbchen. L-Opsin (langwelllig, rot), M-Opsin (mittelwellig, grün) und K-Opsin (kurzwellig, blau) sind in den Zapfen. Zusätzlich gibt es noch photosensitive Ganglienzellen, die direkt mit dem Ncl. suprachiasmaticus des Hypothalamus verbunden sind. Sie sind am zirkadianen Rhythmus beteiligt (s. 4.2, S. 33) und enthalten Melanopsin.

6 Visuelles System – Sehen

Der aktivierte Rezeptor Metarhodopsin II aktiviert seinerseits ein heterotrimeres G-Protein. Ein heterotrimeres G-Protein besteht aus drei unterschiedlichen Untereinheiten: der α-, der β- und der γ-Untereinheit. Das G-Protein der Stäbchen hat einen eigenen Namen: Es heißt Transducin. Transducin hat im Ruhezustand (ohne Lichtreiz) ein GDP gebunden. Bei Aktivierung (Eintreffen des Lichtreizes) wird GDP gegen GTP ausgetauscht. Anschließend löst sich die α-Untereinheit samt GTP und aktiviert eine Phosphodiesterase (PDE). Dabei wird das GTP verbraucht. Die α-Untereinheit verbindet sich danach wieder mit der βγ-Untereinheit zum Transducin. Die aktive Phosphodiesterase spaltet in den Stäbchen und Zapfen cGMP zu GMP. Dadurch nimmt die Konzentration an cGMP in den Zellen ab.

Die Phosphodiesterase heißt so, weil sie Phosphodiester spaltet. Phosphodiester sind z. B. cAMP und cGMP. In diesen Molekülen ist ein Phosphat sowohl mit seinem 3'OH als auch mit seinem 5'OH der Ribose des Adenosins/Guanosins verestert und daher ein Diester. Dadurch bildet dieses Molekül einen Ring und wird zyklisches AMP/zyklisches GMP genannt.

Merke!

Metarhodopsin II aktiviert Transducin. Die aktivierte α-Untereinheit des Transducins aktiviert eine Phosphodiesterase. Diese wiederum spaltet cGMP, wodurch die cGMP-Konzentration in den Stäbchen und Zapfen abfällt.

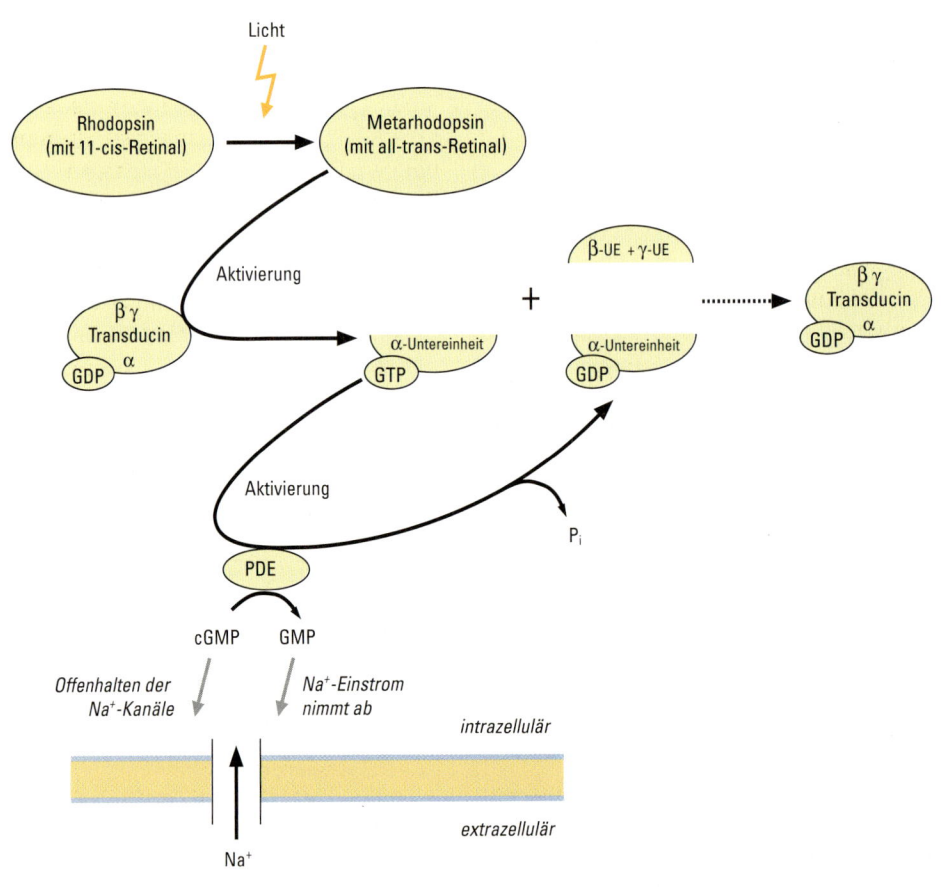

Abb. 25: Transduktionsvorgang bei Lichteinfall

Ein auf das Auge treffender Lichtreiz bewirkt also über den Second messenger cGMP in den Sinneszellen eine Abnahme der cGMP-Konzentration. Was ist die Konsequenz? Die Aufgabe von cGMP ist es, Na^+-Kanäle in den Membranscheiben der Außenglieder der Zapfen offen zu halten. Bei einer hohen cGMP-Konzentration (im Ruhezustand, ohne Lichtreiz) fließt also ein Strom und die Sinneszellen sind depolarisiert. Da dieser Zustand bei Dunkelheit herrscht, nennt man diesen Strom auch **Dunkelstrom** (dark current). Durch die Depolarisation wird im Dunkeln ständig Glutamat von den Stäbchen und Zapfen an ihrer Synapse zu nachgeschalteten Zellen ausgeschüttet. Trifft dagegen ein Lichtreiz auf die Sinneszellen, so führt die damit verbundene Senkung des cGMP-Spiegels zur Schließung der Na^+-Kanäle, die Leitfähigkeit der Membran für Na^+-Ionen nimmt ab, die Zelle repolarisiert und die Glutamatausschüttung wird vermindert. Die Erregung durch einen Lichtreiz führt in den Stäbchen und Zapfen also zur Repolarisation und zur Abnahme der Transmitterausschüttung.

Der Abfall von cGMP führt zur Schließung von Na^+-Kanälen und damit zur Abnahme der Na^+-Leitfähigkeit der Membran. Dadurch repolarisieren die Sinneszellen und es wird weniger Glutamat an den Synapsen freigesetzt.

Die Stoffe, die bei der Belichtung verbraucht oder deren Konzentration gesenkt wird, z. B. 11-cis-Retinal, inaktives Transducin und cGMP, werden durch verschiedene Enzyme der Zellen ständig neu synthetisiert.

Mit dem Na^+ gelangen auch Ca^{2+}-Ionen ins Außenglied. Schließen sich die Na^+-Kanäle, so nimmt daher auch die intrazelluläre Ca^{2+}-Konzentration ab. Dadurch wird eine Guanylatcyclase (GC) aktiviert, die neues cGMP synthetisiert, und die Na^+-Kanäle bleiben wieder offen. So verhindert die Zelle eine dauerhafte Repolarisation durch einen Lichtreiz.

Vielleicht hast du dich beim Lesen dieser Abschnitte ja schon gefragt, wie es möglich ist, dass die nachgeschalteten Zellen durch die Stäbchen/Zapfen erregt werden, wenn doch weniger Transmitter (Glutamat) ausgeschüttet wird. Zur Beantwortung dieser Frage muss man sich den dafür zuständigen Rezeptor auf der nachgeschalteten Zelle genauer ansehen: Dieser mGluR (metabotrope Glutamat-Rezeptor) ist im Dunkeln (viel Glutamat) aktiv und bewirkt die Aktivierung der Phosphodiesterase und somit eine Erniedrigung des cGMP-Spiegels in der Zelle. Analog zu den Stäbchen/Zapfen schließen sich auch in den nachgeschalteten Zellen bei cGMP-Abfall die Na^+-Kanäle. Wird daher bei einem Lichtreiz weniger Glutamat aus den Sinneszellen freigesetzt, steigt auch das cGMP in den nachgeschalteten Zellen an, ihre Na^+-Kanäle gehen auf und die Zellen depolarisieren. Manchmal kann die Natur eben echt kompliziert sein.

6.4 Sehbahn und Gesichtsfeld

Der Weg von der Retina bis zum visuellen Kortex ist lang und mit vielen Umschaltungen verbunden. Daher gibt es viele Orte, an denen die Sehbahn geschädigt werden kann (z. B. durch Tumore im Bereich des Chiasma opticum) und entsprechend zahlreiche unterschiedliche Symptome. Deswegen lohnt es sich, die Sehbahn und die Gesichtsfeldausfälle zu lernen. Neben der Klinik ist dieses Wissen auch für die anstehende Prüfung sicherlich ein Vorteil.

> **Übrigens ...**
> Zum Nachweis von Gesichtsfeldausfällen dient die Perimetrie. Das Perimeter ist eine geöffnete Halbkugel, in der einem Patienten Lichtpunkte präsentiert werden. Der Patient muss geradeaus schauen und darf während der Untersuchung den Kopf und die Augen nicht bewegen. Er muss sich melden, sobald er einen Lichtpunkt sieht, der von außen hereingeführt wird, und wenn dieser Lichtpunkt innerhalb seines Gesichtsfeldes verschwindet. So lassen sich auch kleins-

6 Visuelles System – Sehen

te Ausfälle in der peripheren Netzhaut nachweisen, die ansonsten unauffällig sind.

Zur Sehbahn: Das Licht aus der rechten Gesichtsfeldhälfte wird im linken Auge temporal und im rechten Auge nasal auf der **Retina** abgebildet. Das Licht aus der linken Gesichtsfeldhälfte gelangt links nasal und rechts temporal auf die Retina. Im rechten **Nervus opticus** laufen die Fasern aus der rechten Retina, im linken Nervus opticus die Fasern aus der linken Retina. **Am Chiasma opticum kreuzen die nasalen Anteile der beiden Nervi optici**. Dadurch gelangen die Fasern, die das rechte Gesichtsfeld abbilden, zusammen in den linken Tractus opticus, die des linken Gesichtsfelds in den rechten Tractus opticus. Von dort ziehen die Fasern ins Corpus geniculatum laterale (Teil des Thalamus), wo sie umgeschaltet werden. Einige Fasern gelangen ohne Umschaltung zum Colliculus superior (Reflexauslösung). Nach dem **Corpus geniculatum laterale** bilden die Fasern vier Quadranten, um schließlich den **okzipitalen primären visuellen Kortex (V1)** zu erreichen. In Abb. 26, S. 56 siehst

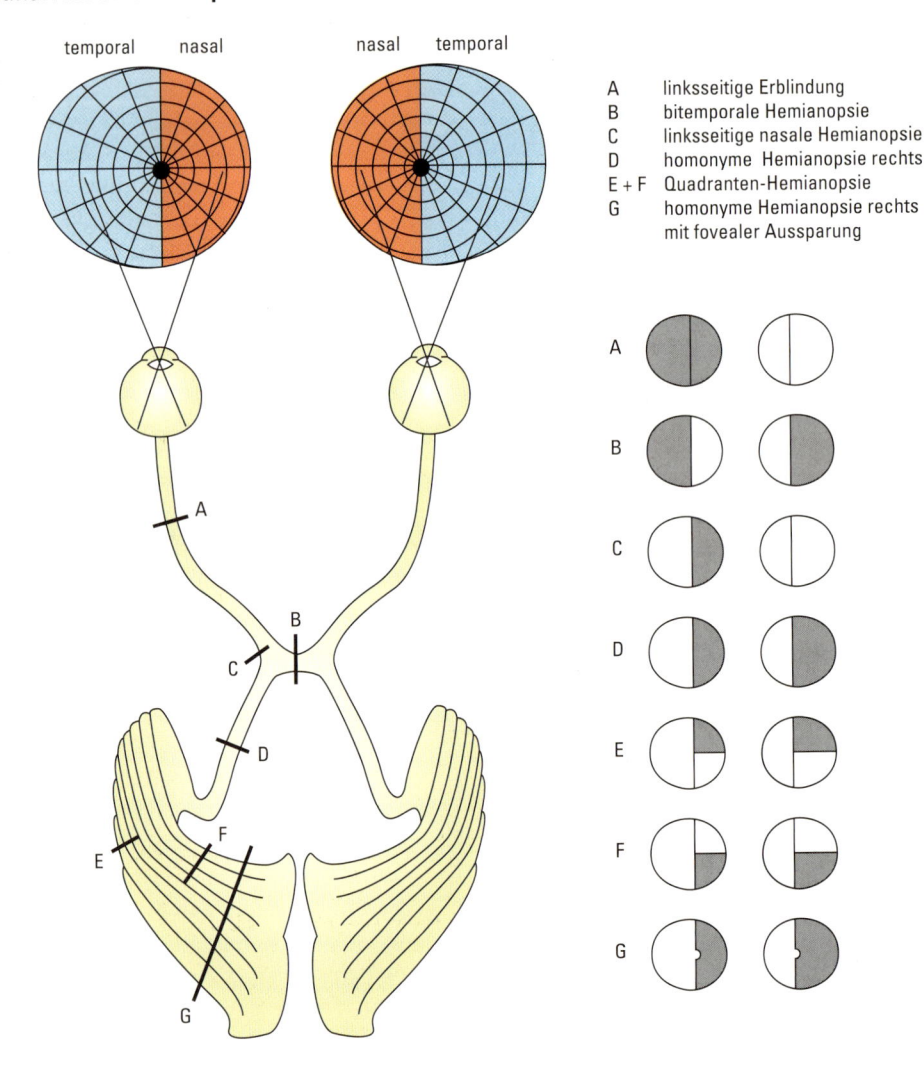

A	linksseitige Erblindung
B	bitemporale Hemianopsie
C	linksseitige nasale Hemianopsie
D	homonyme Hemianopsie rechts
E + F	Quadranten-Hemianopsie
G	homonyme Hemianopsie rechts mit fovealer Aussparung

Abb. 26: Sehbahnstörungen

medi-learn.de/6-physio3-26

du die Sehbahn, die Lokalisationen häufiger Schädigungen und deren Bezeichnungen. Der Sehnerv tritt aus der nasalen Retina aus. Hier befinden sich keine Rezeptoren und damit keine Lichtwahrnehmung. Daher nennt man diesen Punkt blinden Fleck (s. Abb. 24, S. 52). Da der blinde Fleck auf der nasalen Retina liegt, kommt es zu einem physiologischen Ausfall im temporalen Gesichtsfeld. Dieser wird vom Gehirn überspielt und fällt nur in der Perimetrie auf.

Übrigens ...
- Bei Ausfall des primären visuellen Kortex (V1) kommt es zum Erliegen der bewussten Wahrnehmung des kontralateralen Gesichtsfelds. Bei einer Schädigung höher gelegener Zentren kann es zu selektiven Ausfällen kommen, wie z. B. der Unfähigkeit, Bewegungen wahrzunehmen.
- Eine Störung höherer Zentren zeichnet sich dadurch aus, dass Funktionstests – wie die Perimetrie – unauffällig ausfallen.
- Ein in den Medien häufig dargestelltes und dramatisiertes Krankheitsbild ist die Unfähigkeit, Gesichter zu erkennen (Prosopagnosie). Es resultiert aus einer Schädigung des temporalen und/oder des angrenzenden okzipitalen Assoziationskortex.

6.5 Retinale und zentrale Verarbeitung

Die relativ einfache Information „hier ist ein Lichtreiz" führt in unserem Bewusstsein zu Interpretationen wie „das ist ein galoppierendes braunes Pferd". Um aus einem Reiz diesen Sinneseindruck zu erzeugen, bedarf es einer umfangreichen Verarbeitung. Die Verarbeitung der Information beginnt dabei schon auf retinaler Ebene und wird über die Sehbahn, das Corpus geniculatum laterale, den primären visuellen Kortex bis hin zum Assoziationskortex fortgeführt. Im folgenden Kapitel erhältst du einen Einblick in diese komplexen Vorgänge. Aber keine Sorge: Da es hier nur um die prüfungsrelevanten Inhalte geht, hält sich der Umfang in Grenzen.

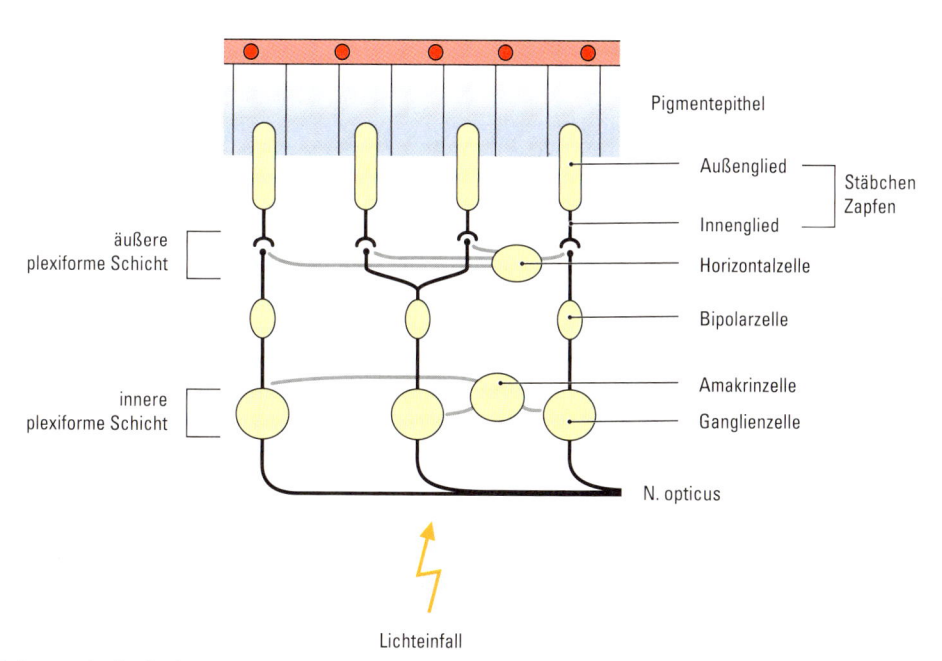

Abb. 27: Anatomie der Retina

medi-learn.de/6-physio3-27

6 Visuelles System – Sehen

6.5.1 Aufbau und Verschaltung der Retina

Um die Verschaltung und Verarbeitung auf retinaler Ebene zu verstehen, musst du den Aufbau der Retina kennen. Falls der dir nicht schon aus der Histologie bekannt ist, kannst du ihn dir hier noch einmal ansehen:

Das Licht muss alle Schichten der Retina durchqueren, um auf die Stäbchen und Zapfen zu treffen. In der Retina wird die Information dann von **Stäbchen und Zapfen** (**1. Neuron**) auf **Bipolarzellen** (**2. Neuron**) übertragen. Bipolarzellen haben – wie ihr Name vermuten lässt – nur zwei Fortsätze, die dem Zellkörper entspringen: ein Axon und einen Dendriten. Von dort wird das Signal auf **multipolare Ganglienzellen** (**3. Neuron**) übertragen. Das 4. Neuron liegt im Corpus geniculatum laterale und das fünfte (letzte) im primären visuellen Kortex.

Übrigens ...
Die Aufgabe des Pigmentepithels, das zwischen Stäbchen/Zapfen und Aderhaut des Auges liegt, ist es, die Außenglieder der Stäbchen und Zapfen zu phagozytieren. Im Alter ist das Pigmentepithel im Bereich der Macula lutea (Punkt des schärfsten Sehens) oftmals abgenutzt, da es hier – wegen der hohen Zapfendichte – besonders viel arbeiten muss. Dies ist die Ursache der altersbedingten Maculadegeneration.

Schon in der Retina wird mit der Verarbeitung der Sinnesinformation begonnen. Neben dem bereits besprochenen **vertikalen System** (die Hintereinanderschaltung von Stäbchen, bipolaren Zellen und multipolarem Ganglion), das für die Weiterleitung der Information zum Kortex zuständig ist, gibt es noch ein **horizontales System**. Hierzu gehören die Horizontalzellen, die die Bipolarzellen quervernetzen und die amakrinen Zellen, die die Ganglienzellen quervernetzen. Die Zellen des horizontalen Systems sind inhibitorische Interneurone und dienen der Kontraststeigerung.

Die Kontraststeigerung durch das horizontale System funktioniert so: Durch einen eintreffenden Lichtreiz wird eine Sinneszelle stark

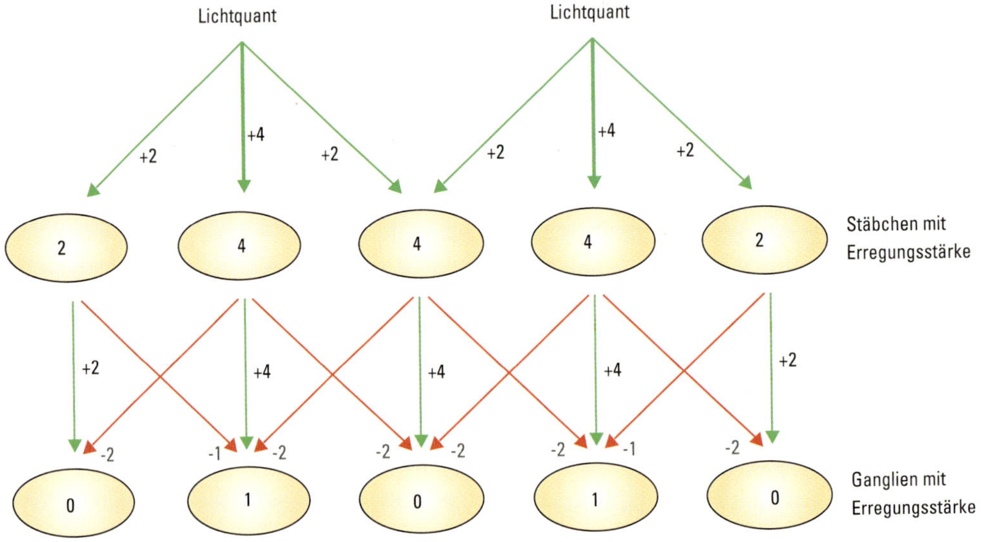

Ein Lichtquant erregt direkt getroffene Stäbchen stark, Nachbarstäbchen schwächer. Die roten Pfeile entsprechen der lateralen Inhibition, deren Stärke die Hälfte der Erregung beträgt. Nach Inhibition werden nur die direkt getroffenen Ganglien erregt.

Abb. 28: Laterale Inhibition

6.5.2 Rezeptives Feld und Einteilung der Ganglienzellen

und deren Nachbarsinneszelle schwächer gereizt. Jede erregte Zelle hemmt dabei über Interneurone ihre Nachbarzellen, und das umso stärker, je stärker sie selbst vom Lichtreiz aktiviert wurde. So kommt es, dass nur die Ganglienzelle erregt wird, deren Stäbchen/Zapfen direkt vom Licht getroffen wurde. Die Nachbarganglienzellen dagegen, deren Sinneszellen weniger Licht erhalten haben, bleiben unerregt. Diesen Mechanismus nennt man **laterale Inhibition**.

6.5.2 Rezeptives Feld und Einteilung der Ganglienzellen

Ganglienzellen werden durch unterschiedlich viele Stäbchen oder Zapfen erregt. Die Stäbchen oder Zapfen, die zu einer Ganglienzelle gehören, bilden das rezeptive Feld dieser Ganglienzelle. In der Netzhautperipherie sind die rezeptiven Felder sehr groß. D. h. hier kommen viele Stäbchen auf eine Ganglienzelle und es besteht eine große Konvergenz (Zusammenfließen) der eintreffenden Informationen. Im **Zentrum** der Retina, Fovea centralis, gibt es dagegen sehr **kleine rezeptive Felder** mit entsprechend geringer Konvergenz (s. 6.2, S. 50). Neben der Konvergenz findet sich in der Retina aber auch der umgekehrte Vorgang: die Divergenz. D. h. ein Zapfen kann mehrere Bipolar- und damit Ganglienzellen erregen. Ein großes rezeptives Feld bedeutet geringes Auflösungsvermögen, aber hohe Empfindlichkeit für einzelne Reize. Ein kleines rezeptives Feld bedeutet hohes Auflösungsvermögen, aber geringe Empfindlichkeit.

Die rezeptiven Felder der Ganglienzellen sind in On- und Off-Neurone gegliedert.

Trifft Licht bei einem **On-Neuron** in das Zentrum des rezeptiven Feldes, so wird es erregt. Trifft das Licht die Peripherie, so wird dieses Neuron gehemmt (s. Abb. 29, S. 59). Bei **Off-Neuronen** verhält es sich genau umgekehrt: Wird das Zentrum von Licht getroffen, so werden diese Neurone gehemmt; wird die Peripherie getroffen, so werden sie erregt (s. Abb. 29, S. 59). Unabhängig davon, ob es sich um eine On- oder Off-Ganglienzelle handelt,

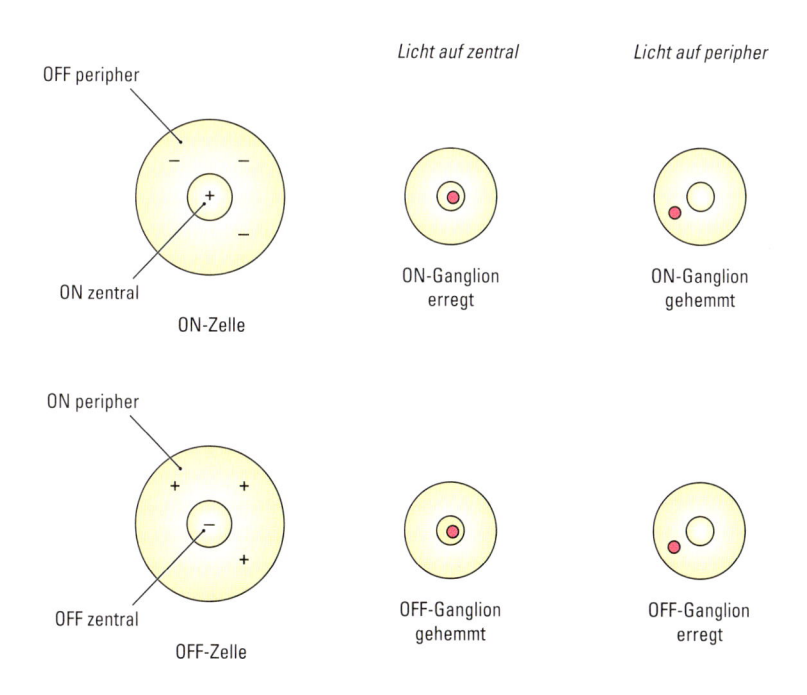

Abb. 29: On- und Off-Ganglien

medi-learn.de/6-physio3-29

6 Visuelles System – Sehen

wird bei Belichtung des Rezeptors stets weniger Transmitter an der Synapse von Stäbchen/Zapfen zur korrespondierenden Bipolarzelle freigesetzt.

Für alle, die es genau wissen wollen: Die weitere Differenzierung, ob eine Bipolarzelle erregt oder gehemmt wird, hangt von den Rezeptortypen der bipolaren Zelle ab. Besitzt diese Zelle mGluR (metabotrope Glutamat-Rezeptoren), wird sie bei Glutamatabfall erregt (s. 6.3, S. 53).

Besitzt sie iGluR (ionotrope Glutamat-Rezeptoren), wird sie bei Glutamatabfall gehemmt. Eine On-Zelle besitzt daher in der Peripherie iGluR und im Zentrum mGluRen.

Es gibt auch On-Off-Neurone, die sowohl auf Belichtung als auch auf Verdunklung mit einer kurzen Antwort reagieren. Diese Zellen nehmen besonders gut Hell-Dunkel-Kontraste war.

Von den verschiedenen Ganglienzelltypen sind für dich die **magnozellulären (großzelligen) und die parvozellulären (kleinzelligen)** wichtig:
- 80 % der Zellen sind parvozellulär (P-Zellen). Sie sind klein, leiten langsam und haben kleine rezeptive Felder. Diese Zellen reagieren auf Farben und haben eine hohe Detailauflösung.
- 20 % der Ganglienzellen sind magnozellulär (M-Zellen). Sie sind sehr groß, leiten schnell, sehen schwarz-weiß und haben große rezeptive Felder, d. h. polysynaptische Kontakte mit den Photorezeptoren. Dadurch, dass sie dynamisch auf Beleuchtungsänderungen reagieren, sind diese Zellen gut geeignet, um Bewegungen zu erfassen. Sie projizieren z. T. in den Colliculus superior und erleichtern es, schnell Reflexe zur Flucht oder Abwehr auszulösen.

> **Merke!**
>
> Magnozelluläre Ganglienzellen sind für die Bewegungswahrnehmung zuständig, parvozelluläre für die Farb- und Detailwahrnehmung.

Die rezeptiven Felder dienen der Kontrastdarstellung. Ein Ganglion wird daher nicht durch Belichtung des gesamten rezeptiven Feldes erregt (gegenseitige Auslöschung von Zentrum und Peripherie), sondern dann, wenn nur das Zentrum oder nur die Peripherie beleuchtet werden.

6.5.3 Corpus geniculatum laterale und visueller Kortex

Das Corpus geniculatum laterale ist **retinotop** gegliedert. Das bedeutet, dass sich die Gliederung der Retina mit ihren rezeptiven Feldern und Ganglienzellen hier fortsetzt. Darüber hinaus findet man ein parvozelluläres und ein magnozelluläres System.

Jedes Corpus geniculatum laterale besteht aus sechs Schichten:

Für die Histo-Interessierten:
- Schicht 1 und 2 sind mit magnozellulären Zellen verschaltet,
- Schicht 3 bis 5 mit parvozellulären Zellen.
- Schicht 1, 4 und 6 erhalten Afferenzen aus der kontralateralen,
- Schicht 2, 3 und 5 aus der ipsilateralen Retina.

Vom Corpus geniculatum laterale gelangt die Information in den primären visuellen Kortex (V1), der im Okzipitallappen in der Umgebung des Sulcus calcarinus liegt. Auch V1 ist noch retinotop gegliedert und hat sechs Schichten, die dir wahrscheinlich aus der Neuroanatomie/-histologie bekannt sind (s. Struktur Neokortex, Skript Anatomie 3). In V1 ist die 4. Zellschicht (Körnerzellen, die Afferenzen vom Thalamus erhalten) besonders stark ausgebildet.

Neben dieser horizontalen Einteilung sind auch die **Dominanzsäulen** (kortikale Säulen) wichtig. Sie verlaufen vertikal und verarbeiten die Information aus einem Teil der Retina. Korrespondierende Netzhautstellen werden dabei in benachbarten Säulen abgebildet. Auch hier sind die Neurone aufgeteilt in solche, die Bewegung verarbeiten und andere, die sich um Farbe, Detail und Muster kümmern.

6.5.3 Corpus geniculatum laterale und visueller Kortex

Unter korrespondierenden Netzhautstellen versteht man Folgendes: Ein Punkt im Gesichtsfeld wird sowohl mit dem rechten als auch mit dem linken Auge gesehen. Befindet sich dieser Punkt im rechten Gesichtsfeld, so wird er im linken Auge temporal und im rechten Auge nasal auf der Retina abgebildet. Diese beiden Netzhautbezirke, auf denen der Punkt abgebildet wird, korrespondieren. Der Vergleich der korrespondierenden Netzhautstellen ermöglicht das 3D- bzw. Tiefensehen. Im Chiasma opticum kreuzen die nasalen Fasern, sodass die temporalen Fasern des linken Auges und die nasalen des rechten Auges gemeinsam in die linke Gehirnhälfte gelangen. So ziehen die Fasern, die denselben Punkt im rechten Gesichtsfeld abbilden, in benachbarte Dominanzsäulen. Dort wird dann verglichen, ob die Information aus den korrespondierenden Netzhautstellen wirklich identisch ist.

Übrigens ...
Beim Schielen (s. 6.1.3, S. 47) sind die Informationen, die von den korrespondierenden Netzhautstellen stammen, NICHT identisch. Als Folge dieses verwirrenden Sinneseindrucks wird bei Kindern der Informationszufluss aus einem Auge abgeschaltet. Dies geschieht durch verminderte Ausdehnung der okkulären Dominanzsäule.

In den sekundären Hirnarealen V2, V3 und V4 werden die Sinneseindrücke weiter verarbeitet: V2 ist auf Konturen, V3 auf Bewegungen und V4 auf Farben spezialisiert. Der parieto-temporo-okzipitale Assoziationskortex schließlich ist für die Meinungsbildung und Interpretation des Gesehenen zuständig.

DAS BRINGT PUNKTE

In fast jeder schriftlichen Prüfung sollte man bisher die **Akkommodationsbreite** berechnen. Hierfür gibt es eine einfache Formel:

Akkomodationsbreite (dpt) =

$$\frac{1}{\text{Nahpunkt [m]}} - \frac{1}{\text{Fernpunkt [m]}}$$

Meist sind Nah- und Fernpunkt angegeben. Ist der Fernpunkt bei einem Emmetropen nicht angegeben, so liegt er im Unendlichen. Dann gilt:

– Akkommodationsbreite [dpt] = 1/Nahpunkt [m]

Daneben wirst du auch immer wieder Fragen zu den **Refraktionsanomalien** finden. Hierzu solltest du dir die Inhalte von Tab. 14, S. 62 einprägen:

	Myopie	Hyperopie
Akkommodationsbreite	unverändert	unverändert
Verhältnis Brechkraft zu Bulbuslänge	zu groß	zu klein
Bild	vor Retina	hinter Retina
Nahpunkt	näher am Auge	weiter entfernt vom Auge
Fernpunkt	reell	im Unendlichen
Brille	Streulinse	Sammellinse

Tab. 14: Vergleich Myopie und Hyperopie

Auch **Zapfen und Stäbchen** werden gerne in Fragenform miteinander verglichen. Wenn du Tab. 15, S. 62 kennst, sollte dir deren Beantwortung kein Problem mehr bereiten.

Schließlich solltest du noch die **Signaltransduktion** in den Stäbchen kennen, da immer wieder Teile hieraus gefragt werden:
– 11-cis-Retinal (Rhodopsin) → Lichtreiz → all-trans-Retinal (Metarhodopsin II) → Aktivierung von Transducin (heterotrimeres G-Protein) → α-Untereinheit aktiviert PDE → cGMP↓ → Na^+-Kanäle schließen sich → Dunkelstrom aus → Stäbchen repolarisiert → weniger Glutamat wird ausgeschüttet.

	Zapfen	Stäbchen
Tag- oder Nacht-Sehen	Tag	Nacht
Lichtempfindlichkeit	gering	hoch
Sehschärfe (Visus)	groß	gering
Farben-Sehen	ja	nein, nur schwarz-weiß
höchste Dichte	Fovea centralis	parafoveal
rezeptive Felder der assoziierten Ganglienzellen	klein	groß
Bildfusionsfrequenz	hoch	niedrig

Tab. 15: Vergleich Zapfen und Stäbchen

FÜRS MÜNDLICHE

Für die mündliche Prüfung solltest du zum Thema "visuelles System – Sehen" folgende Fragen gut vorbereiten:

1. Bitte erklären Sie, wie ein Gegenstand auf der Retina abgebildet wird.
2. Erläutern Sie, wie sich das Auge auf nahe und wie auf entfernte Gegenstände einstellt.
3. Welche Refraktionsanomalien kennen Sie?
4. Bitte erklären Sie, welche Rezeptoren die Retina hat.
5. Bitte erläutern Sie, wie in der Retina ein Lichtreiz in eine Repolarisation umgewandelt wird.
6. Bitte erklären Sie den Aufbau der Sehbahn.

---

1. Bitte erklären Sie, wie ein Gegenstand auf der Retina abgebildet wird.
Die Lichtstrahlen werden an Cornea und Linse gebrochen. Hierfür gelten die physikalischen Regeln der Brechung an Linsen. Es entsteht ein verkleinertes und umgekehrtes Bild auf der Retina. Dabei gilt:
$$\frac{1}{g} + \frac{1}{b} = \frac{1}{f} = D$$
(Die Symbole solltest du dann auch erklären können, s. 6.1, S. 43)

2. Erläutern Sie wie sich das Auge auf nahe und wie auf entfernte Gegenstände einstellt.
Die Brechkraft der Linse kann verändert werden: Für entfernte Gegenstände wird sie kleiner, für nahe größer.
Mechanismus:
Nahakkommodation → Kontraktion des M. ciliaris → Abnahme der Spannung der Zonulafasern → stärkere Krümmung der Linse → Brechkraft nimmt zu.
Bei Fernakkommodation sind dagegen die Zonulafasern gespannt und die Linse ist flach.

3. Welche Refraktionsanomalien kennen Sie?
– Myopie (Kurzsichtigkeit): relativ zu hohe Brechkraft, häufig zu langer Augapfel, Bild entsteht vor der Retina. Therapie: Streulinsen.
– Hyperopie (Weitsichtigkeit): relativ zu geringe Brechkraft, häufig zu kurzer Augapfel, Bild entsteht hinter der Retina. Therapie: Sammellinsen.
– Presbyopie (Altersweitsichtigkeit): Abnahme der maximalen Brechkraft der Linse und damit der Akkommodationsbreite. Therapie: Sammellinse fürs Lesen.
– Astigmatismus (Stabsichtigkeit): Hornhaut ist unterschiedlich gekrümmt. Strahlen eines Punktes treffen sich daher nicht in einem Punkt, sondern bilden eine Linie/einen Stab.

4. Bitte erklären Sie, welche Rezeptoren die Retina hat.
Stäbchen und Zapfen.
– Stäbchen für das Nachtsehen: höhere Lichtempfindlichkeit, geringere Sehschärfe, Schwarz-Weiß-Sehen.
– Zapfen für das Tagsehen: geringere Lichtempfindlichkeit, höhere Sehschärfe, Farbsehen.

5. Bitte erläutern Sie, wie in der Retina ein Lichtreiz in eine Repolarisation umgewandelt wird.
Das Licht trifft auf Stäbchen/Zapfen (→ Konformationsänderung Retinal → Aktivierung Transducin → Aktivierung PDE → cGMP ↓ → Na^+-Kanäle zu) → Repolarisation.

FÜRS MÜNDLICHE

6. Bitte erklären Sie den Aufbau der Sehbahn.
1. Neuron = Stäbchen und Zapfen →
2. Neuron = Bipolarzellen →
3. Neuron = Ganglienzellen der Retina →
Nervus opticus →
Kreuzen der nasalen Fasern im Chiasma opticum →
Tractus opticus →
4. Neuron = Corpus geniculatum laterale (im Thalamus) →
5. Neuron = primärer visueller Kortex V1 (okzipital) →
Informationsweiterverarbeitung im sekundären visuellen Kortex V2, V3 und V4.

Pause

Zum nächsten Kapitel "Hören" haben wir einen passenden Pausencartoon für Dich!

Mehr Cartoons unter www.medi-learn.de/cartoons

Ihre Arbeitskraft ist Ihr Startkapital. Schützen Sie es!

DocD'or – intelligenter Berufsunfähigkeitsschutz für Medizinstudierende und junge Ärzte:

- Mehrfach ausgezeichneter Berufsunfähigkeitsschutz für Mediziner, empfohlen von den großen Berufsverbänden
- Stark reduzierte Beiträge, exklusiv für Berufseinsteiger und Verbandsmitglieder
- Versicherung der zuletzt ausgeübten bzw. der angestrebten Tätigkeit, kein Verweis in einen anderen Beruf
- Volle Leistung bereits ab 50 % Berufsunfähigkeit
- Inklusive Altersvorsorge mit vielen individuellen Gestaltungsmöglichkeiten

Lassen Sie sich beraten!

Nähere Informationen und unseren Repräsentanten vor Ort finden Sie im Internet unter www.aerzte-finanz.de

Deutsche Ärzte Finanz

Standesgemäße Finanz- und Wirtschaftsberatung

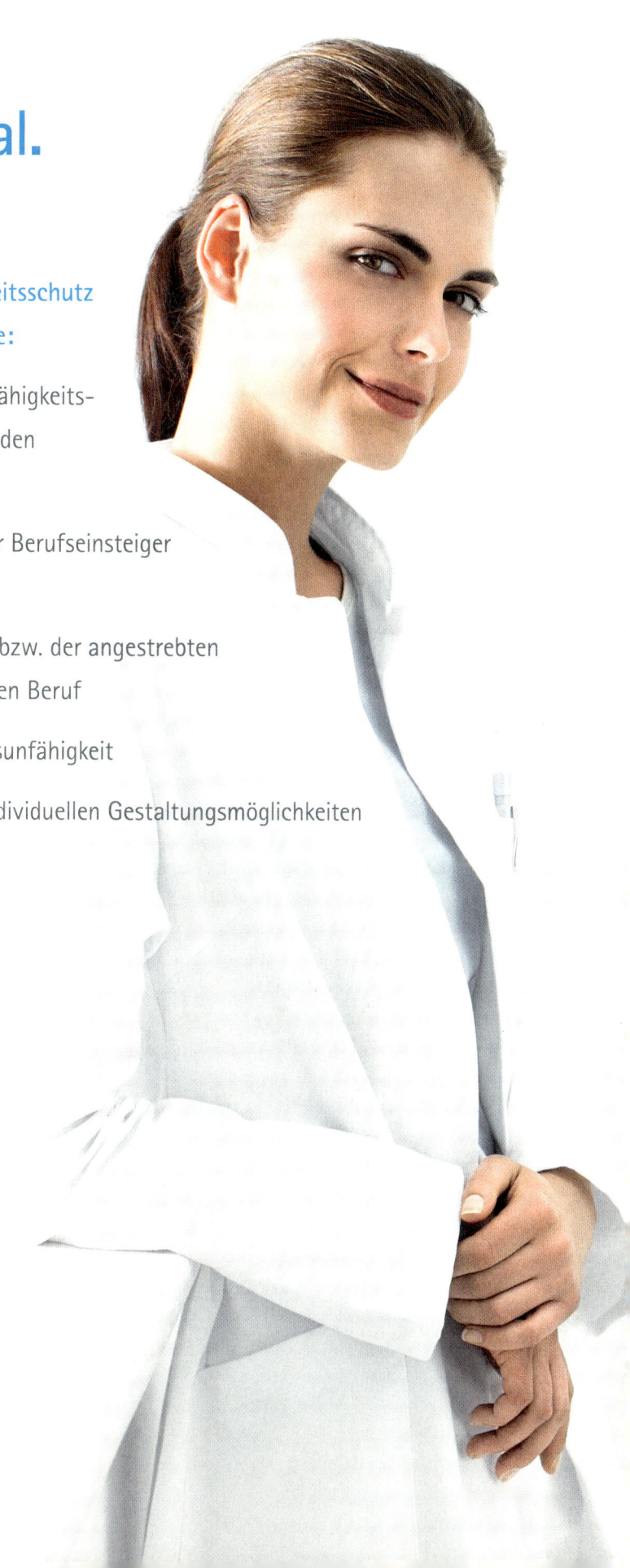

7 Akustisches System – Hören

.ıl Fragen in den letzten 10 Examen: 24

Das Hören ist neben dem Sehen sicherlich unser wichtigster Sinn: So, wie die biologische Evolution uns zu visuellen Wesen gemacht hat, hat uns die soziale zu akustischen Wesen geformt. Unser Gehör ist zwar dem vieler Tiere unterlegen, spielt aber für die Verständigung mit anderen Menschen durch unsere Sprache eine sehr wichtige Rolle. Gehörlose sind in unserer Gesellschaft benachteiligt, was sich u. a. darin zeigt, dass es unter den Blinden prozentual mehr Studierende gibt als unter den Gehörlosen.

Dieses Kapitel dient dazu, dir unser akustisches System und damit die Grundlagen für die Klinik näher zu bringen, um z. B. später Gehörlosen so gut wie möglich helfen zu können und natürlich, um im Examen eifrig zu punkten.

7.1 Physik des Hörens

Die meisten, die das Wort Physik lesen, denken sicherlich erst mal: Nein, danke. Aber nur mit diesen Grundlagen, wie z. B. der physikalischen Einheit der Lautstärke dB (Dezibel), lassen sich Hörstörungen quantifizieren. Außerdem sind Fragen zu physikalischen Themen in der schriftlichen Prüfung sehr häufig, wie z. B. zur Hörschwelle und zur Berechnung des Schalldruckpegels. Also Augen zu (oder besser auf ...) und durch. Hinterher wirst du wahrscheinlich feststellen, dass das Ganze gar nicht so schlimm war.

7.1.1 Physikalische und physiologische Grundbegriffe

Schall ist eine **Longitudinalwelle** (Schwingung in Ausbreitungsrichtung der Welle). Wellen werden mit Hilfe ihrer **Frequenz** und ihrer **Amplitude** beschrieben (s. Abb. 30, S. 67). Eine Schwingung stellt Schwankungen des Luftdrucks dar. Diese Schwankungen breiten sich in verschiedenen Medien wie z. B. Luft, Wasser oder Metall unterschiedlich schnell aus. Dabei beträgt die Schallgeschwindigkeit in Luft 340 m/s.

In unserer Sprache reichen zwei Angaben aus, um einen Ton zu beschreiben: die Tonhöhe und die Lautstärke. In der Physik musst du dagegen noch mehr Begriffe kennen. Das, was wir subjektiv als Tonhöhe wahrnehmen, ist die Frequenz eines Tons. Diese Frequenz wird in der Einheit Hz (Hertz) = s^{-1} (1/s) angegeben. Die Lautstärke wird über die Amplitude der Schwingung bestimmt. Diese Amplitude lässt sich mit dem Schalldruck gleichsetzen.

Übrigens ...
- Der Hörbereich eines Jugendlichen liegt zwischen 16 Hz und 18 kHz.
- Eine Verdopplung der Frequenz eines Tons entspricht der Änderung der Tonhöhe um eine (harmonische) Oktave nach oben.

Ein weiterer sehr wichtiger Begriff ist der **Schalldruckpegel**. Um ihn zu verstehen, hilft es sich zunächst mit dem Schalldruck zu beschäftigen: Drücke werden in der Einheit Pa (Pascal) = N/m^2 (Newton pro Quadratmeter) angegeben. Die Schalldrücke im Hörbereich sind winzig. Um Zahlen zu erhalten, mit denen sich leichter rechnen lässt, hat man daher den Schalldruckpegel (L) eingeführt. Er ist ein logarithmischer Verhältniswert, der in dB (Dezibel) angegeben wird. Dadurch lassen sich die unbequemen Potenzzahlen vermeiden (ähnlich wie beim Rechnen mit dem pH-Wert). Das Verhältnis, um das es sich beim Schalldruckpegel handelt, ist der einwirkende Schalldruck (p_x) im Verhältnis zu einem Bezugsschalldruck (p_0). Als p_0 wurde der kleinste Druck gewählt,

7.1.1 Physikalische und physiologische Grundbegriffe

bei dem eine Hörempfindung möglich ist: die absolute Hörschwelle. Dies sind $2 \cdot 10^{-5}$ Pa bei einer Tonhöhe von 1000 Hz. Bezogen auf diesen Wert wird der Schalldruckpegel L wie folgt berechnet:

> **Merke!**
>
> $L = 20 \cdot \log_{10} \frac{p_x}{p_0}$

Beispiel
Bei einem p_x von $2 \cdot 10^{-3}$ ergibt sich der Schalldruckpegel

$L = 20 \cdot \log_{10} (2 \cdot 10^{-3} / 2 \cdot 10^{-5})$ dB
$= 20 \cdot \log_{10} 10^2$ dB
$= 20 \cdot 2$ dB
$= 40$ dB

Anhand dieser Formel lässt sich berechnen, um wie viel sich der Schalldruckpegel bei Änderung des Schalldrucks verändert.

Steigt der Schalldruck um den Faktor 100 (= 10^2), so steigt der Schalldruckpegel L um $20 \cdot \log_{10} 10^2$ dB = $20 \cdot 2$ dB = 40 dB. Beim Faktor 1000 (= 10^3) wird L um $20 \cdot 3$ dB = 60 dB steigen usw.

> **Merke!**
>
> Änderung des Schalldruckpegels = $20 \cdot \log_{10} \cdot$ Faktor, um den sich der Schalldruck ändert.

Übrigens ...
Ist in der Frage statt des Schalldruckpegels die Lautstärke (s. 7.1.2, S. 69) in Phon bei einer Frequenz von 1000 Hz angegeben, kannst du auch diese Formel benutzen:
Änderung des Schalldruckpegels = $20 \cdot \log_{10} \cdot$ Faktor, um den sich die Lautstärke bei 1 kHz ändert.

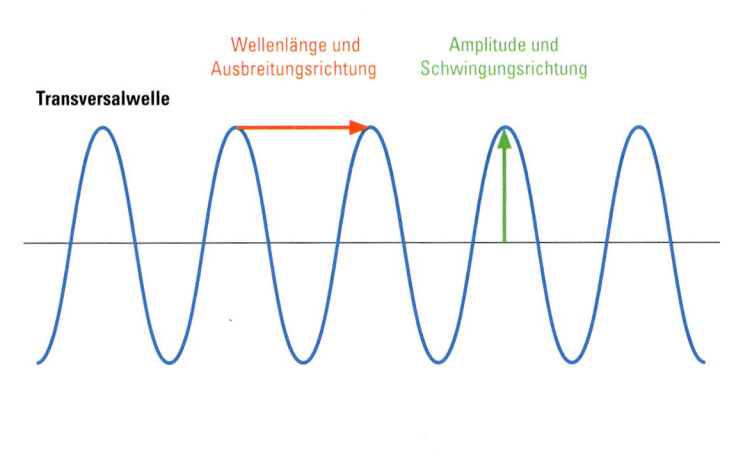

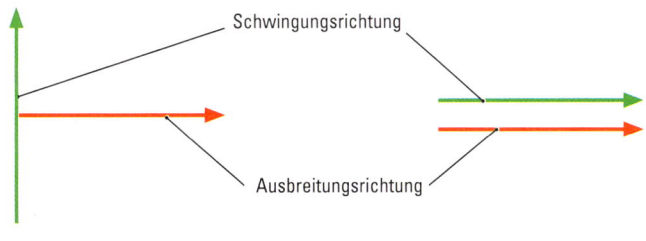

Abb. 30: Transversal- und Longitudinalwelle

medi-learn.de/6-physio3-30

7 Akustisches System – Hören

Der letzte zu lernende Begriff ist die **Schallintensität I (Energiestromdichte)**. Sie gibt die pro Zeiteinheit (1 Sekunde) durch eine Fläche (in m²) hindurchtretende Energie (in Joule) an. Daher lautet die Einheit der Schallintensität I: J/(s · m²) = W (Watt)/m².

Analog zum Schalldruckpegel gibt es auch von der Schallintensität eine logarithmische Form, den **Schallintensitätspegel P**. Er wird wie folgt berechnet:
$P = 10 \cdot \log_{10}(I_x/I_0)$.

Den folgenden Zusammenhang musst du zwar nicht herleiten können – er erklärt aber, wieso man den Schalldruckpegel aus der Schallintensität berechnen kann.

Zwischen der Schallintensität I und dem Schalldruck p besteht folgender Zusammenhang:
$I = \text{const.} \cdot p^2$

Für den Schallintensitätspegel P und den Schalldruckpegel L gilt daher:
$P = 10 \cdot \log_{10}(I_x/I_0)$
nach Einsetzen von const. · p² für beide I steht da noch
$P = 10 \cdot \log_{10}(\text{const.} \cdot p_x^2 / \text{const.} \cdot p_0^2)$
und nach Kürzen der Konstante
$P = 10 \cdot \log_{10}(p_x/p_0)^2$.
Durch die Regel $\log_{10} a^2 = 2 \cdot \log_{10} a$ erhält man:
$P = 20 \cdot \log_{10}(p_x/p_0)$
setzt man mit der Anfangszeile gleich, erhält man:
$10 \cdot \log_{10}(I_x/I_0) = 20 \cdot \log_{10}(p_x/p_0)$.
Da auch gilt:
$L [dB] = 20 \cdot \log_{10}(p_x/p_0)$ kann man sagen:
$L = 10 \cdot \log_{10}(I_x/I_0)$.

Um den Schalldruckpegel aus der Schallintensität I zu berechnen, gibt es noch eine weitere Formel:
$L = 10 \cdot \log_{10} I_x/I_0$.

In der Prüfung solltest du dazu wissen, wie sich der Schalldruckpegel bei Erhöhung der Schallintensität um einen bestimmten Faktor verändert:

> **Merke!**
>
> Änderung des Schalldruckpegels = $10 \cdot \log_{10} \cdot$ Faktor, um den sich die Intensität ändert.

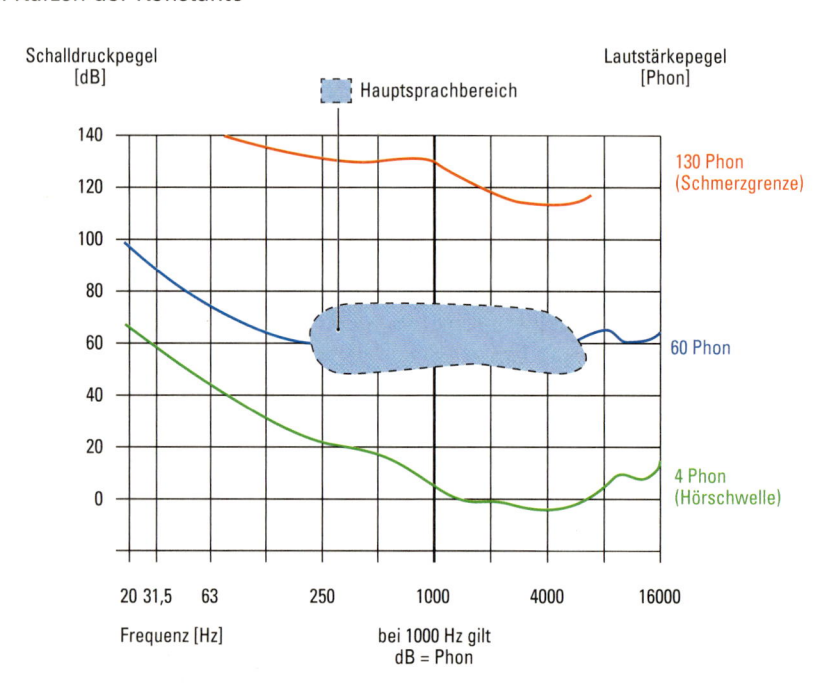

Abb. 31: Zusammenhang zwischen Dezibel- und Phon-Skala

medi-learn.de/6-physio3-31

7.1.2 Lautstärke und Hörschwellen

Beispiel
Bei einer Erhöhung der Schallintensität um den Faktor 100 (= 10^2) wird sich der Schalldruckpegel wie folgt ändern:
Änderung L = $10 \cdot \log_{10} 10^2$ dB = 20 dB.
Bestand vorher ein Schalldruckpegel von z. B. 40 dB, so wird er also nach der Intensitätssteigerung 60 dB betragen.
Bei einer Erhöhung um den Faktor 1000 (= 10^3) wird L um $10 \cdot 3$ dB = 30 dB ansteigen.

7.1.2 Lautstärke und Hörschwellen

Der Schalldruckpegel ist eine physikalische Größe, die allerdings nichts über die subjektiv empfundene Lautstärke aussagt. Das menschliche Gehör ist nämlich bei unterschiedlichen Frequenzen auch unterschiedlich empfindlich. Dies bedeutet, dass Töne mit gleichem Schalldruckpegel und unterschiedlicher Frequenz für das menschliche Ohr unterschiedlich laut sind. Darum wurde der Begriff der Lautstärke mit ihrer Einheit **Phon** eingeführt.
Bei einer Frequenz von 1000 Hz stimmen die Dezibel- und die Phon-Skala überein, d. h. 60 dB = 60 Phon. Für alle anderen Frequenzen gilt, dass sich dB- und Phon-Wert unterscheiden. Die Details kannst du aus Abb. 31, S. 68 entnehmen.
Wie Abb. 31, S. 68 zeigt, existiert zwischen 2000 Hz und 5000 Hz eine Senke. Hier ist unser Gehör am empfindlichsten. Grund: In diesem Bereich besteht Resonanz mit dem schwingungsübertragenden System im Mittelohr, wodurch diese Frequenzen besonders gut weitergeleitet werden.

Hier noch einige gern gefragte Fakten zu diesem Thema:
- Unser Hauptsprachbereich liegt zwischen 300 und 3000 Hz mit einer Lautstärke von 40 bis 80 Phon.
- Für alle hörbaren Frequenzen (zwischen 18 Hz und 20 kHz) liegt die absolute Hörschwelle bei 4 Phon.
- Bei 1000 Hz liegt unsere absolute Hörschwelle bei 4 dB, da hier die Dezibel- mit der Phon-Skala übereinstimmt.
- Der Dezibel-Wert für die Hörschwelle anderer Frequenzen unterscheidet sich hingegen vom Phon-Wert (s. Abb. 31, S. 68). So liegt er z. B. bei einer Tonhöhe von ca. 3000 Hz bei 0 dB (Druck = $2 \cdot 10^{-5}$ Pa), was dem geringsten Schalldruckpegel entspricht, den unser Gehör wahrnehmen kann.

Ein weiteres Maß, um unsere Gehör zu messen, ist die **Intensitätsunterschiedsschwelle**. Diese sagt aus, wie groß der Unterschied im Schalldruckpegel zweier Töne sein muss, damit sie als unterschiedlich laut empfunden werden.
Die **Tonhöhenunterschiedsschwelle** gibt an, wie groß der Unterschied in deren Frequenz sein muss, damit zwei Töne als unterschiedlich hoch empfunden werden. Sie wird in Prozent angegeben. Bei 1000 Hz beträgt sie 0,3 %. D. h. Töne müssen bei einer Tonhöhe von 1 kHz einen Unterschied von 3 Hz aufweisen, um als voneinander verschieden wahrgenommen zu werden.
Außerdem gibt es die Richtungsschwelle, für die beidseitiges Hören notwendig ist. Sie gibt an, wie groß die Richtungsabweichung des Schalls von der Mittellinie zu beiden Ohren sein muss, um z. B. am abgewandten Ohr später gehört zu werden als am zugewandten: Weicht die Richtung, aus der der Schall kommt, um nur 3° von der Mittellinie ab, so hat dies eine Laufzeitdifferenz von ca. 10^{-5} s (0,01 ms) zwischen beiden Ohren zur Folge, und der Schall wird am abgewandten Ohr etwas später wahrgenommen als am zugewandten. Das bedeutet, dass wir z. B. ein Geräusch als „von links kommend" identifizieren können, wenn es unser rechtes Ohr um nur 0,01 ms später erreicht als das linke. Besonders wichtig für die schriftliche Prüfung sind einige Schwellenwerte.

7 Akustisches System – Hören

Sie auswendig zu lernen, lohnt sich wirklich:

> **Merke!**
>
> - absolute Hörschwelle = 4 Phon
>   (bei 1000 Hz = 4 dB)
> - Schmerzschwelle = 130 Phon
>   (bei 1 kHz = 130 dB)
> - Intensitätsunterschiedsschwelle im Bereich der Hörschwellenkurve = 1 dB
> - Tonhöhenunterschiedsschwelle bei 1000 Hz = 0,3 %
> - Laufzeitdifferenz = 10^{-5} s

7.2 Rezeption und Transduktion

In diesem Kapitel geht es darum, wie es unser Ohr schafft, so viele verschiedene Frequenzen wahrzunehmen, und warum wir so geringe Änderungen des Drucks, wie sie der Schall auslöst, überhaupt registrieren können. Dieses grundlegende Verständnis der Schallwahrnehmung ist zugleich die Basis für das Verständnis von Hörstörungen. Einiges, was du hier lernst, wird dir daher in der HNO wieder begegnen.

7.2.1 Schallweiterleitung und Frequenzanalyse

Der Schall gelangt über den äußeren Gehörgang zur Membrana tympani (Trommelfell). Diese wird durch den Schall in Schwingung versetzt, wie eine Trommel, die angeschlagen wird. Hinter dem Trommelfell befindet sich das Mittelohr mit den Gehörknöchelchen Hammer, Amboss und Steigbügel. Die vom Schall ausgelöste Schwingung des Trommelfells wird auf den Hammer übertragen, von diesem auf den Amboss weitergeleitet und gelangt dann auf den Steigbügel, der mit seiner Platte im ovalen Fenster liegt. Über das ovale Fenster wird der Schall schließlich auf das Innenohr übertragen.

Im Laufe dieser Weiterleitung wird die Schallamplitude im Mittelohr um den Faktor 22 verstärkt. Dafür gibt es zwei Gründe:

1. Das Trommelfell ist 17-mal größer als das ovale Fenster. So wird die gleiche Kraft auf eine kleinere Fläche übertragen. Da Druck = Kraft pro Fläche ist, erhöht sich der Schalldruck, wenn bei gleicher Kraft die Fläche verkleinert wird.
2. Die Knöchelchen üben eine Hebelwirkung aus und helfen bei der Impedanzanpassung (Impedanz = Widerstand, der der Ausbreitung von Schwingungen in einem Medium entgegenwirkt) von Luft auf Perilymphe. Ist der Impedanzunterschied zu groß, wird ein großer Teil der Wellen reflektiert. Dies wäre bei den unterschiedlichen Medien Luft und Perilymphe der Fall und ist z. B. der Grund dafür, warum man unter Wasser aus der Luft kommende Töne leiser hört. Mit den Gehörknöchelchen ist zwischen Luft und Perilymphe ein weiteres Medium zwischengeschaltet, wodurch der Impedanzsprung – und damit auch der Anteil reflektierter Wellen – verkleinert wird.

Da die Anatomie des Innenohrs für das Verständnis des Hörvorgangs sehr wichtig ist, zeigt Abb. 32, S. 71 die wesentlichen Strukturen. Das Innenohr ist wie ein Schneckengehäuse aufgebaut. Daher auch der Name Cochlea (Schnecke). Dieses Haus hat drei Gänge:
- die Scala vestibuli,
- die Scala tympani,
- die Scala media (Ductus cochlearis).

Ans ovale Fenster grenzt die Scala vestibuli, die sich in der Schnecke bis hinauf zum Helicotrema (Spitze des Schneckenhauses) empor windet. Am Helicotrema kommuniziert die Scala vestibuli mit der Scala tympani, die ihrerseits am runden Fenster endet. Diese beiden Gänge sind mit Perilymphe gefüllt, einer Flüssigkeit, die in ihrer Zusammensetzung dem Extrazellulärraum ähnelt.

Zwischen Scala vestibuli und Scala tympani liegt die Scala media. Sie enthält das Corti-Organ, das Schallwellen in elektrische, neuronale Informationen umwandelt. Wichtigste Bestandteile des Corti-Organs sind die inneren und äußeren Haarzellen sowie die Tektorialmembran (s. 7.2.2, S. 72). Die Scala media

7.2.1 Schallweiterleitung und Frequenzanalyse

ist mit Endolymphe gefüllt, einer kaliumreichen und natriumarmen Flüssigkeit, die in ihrer Zusammensetzung dem Intrazellulärraum ähnelt. Allerdings ist sie gegenüber dem Extrazellulärraum mit +80 mV positiv geladen. Zwischen Scala media und tympani, unter dem Corti-Organ, liegt die Basilarmembran. Schallwellen versetzen die Scala vestibuli in Schwingung. Daraufhin werden die Endolymphe und die Basilarmembran ausgelenkt, die Schwingung überträgt sich auf die Scala tympani und erreicht schließlich das runde Fenster.

Die Basilarmembran wird zum Helicotrema hin weniger steif und zusätzlich noch breiter. Daher nimmt die elastische Rückstellkraft der Basilarmembran von der Schneckenbasis zum Helicotrema hin ab, die Ausbreitungsgeschwindigkeit der Welle wird kleiner, ihre Wellenlänge kürzer und ihre Amplitude größer. Hier ist Vorsicht geboten: Obwohl die Wellenlänge bei niedrigen Frequenzen normalerweise sehr lang ist, führt die Abnahme der Ausbreitungsgeschwindigkeit zur Entstehung immer kürzerer Wellen(längen), die schließlich ihr Amplitudenmaximum erreichen und danach verebben.

Jede Welle erreicht ihr Amplitudenmaximum an einer anderen Stelle der Basilarmembran. Diese Stelle ist abhängig von ihrer Frequenz: Je höher die Frequenz, desto näher an der Basis bildet sich das Amplitudenmaximum. So kann unser Gehör eine Welle aufgrund ihrer Frequenz analysieren. Dieses Phänomen bezeichnet man als **Frequenz-Orts-Abbildung oder Ortsselektivität**.

Für die Frequenzanalyse sind die äußeren Haarzellen essenziell. Sie verstärken nur diejenigen Schwingungen sehr stark, die zu ihrer ortsspezifischen Frequenz passen. Fallen die äußeren Haarzellen aus, verteilt sich eine Schwingung über mehrere Bezirke, wodurch der Eindruck mehrerer Frequenzen vermittelt wird.

Die Wellen verschwinden im Allgemeinen, ohne das Helicotrema zu erreichen.

> **Merke!**
>
> Amplitudenmaximum
> – nahe am Helicotrema: tiefe Frequenzen
> – nahe an der Schneckenbasis: hohe Frequenzen

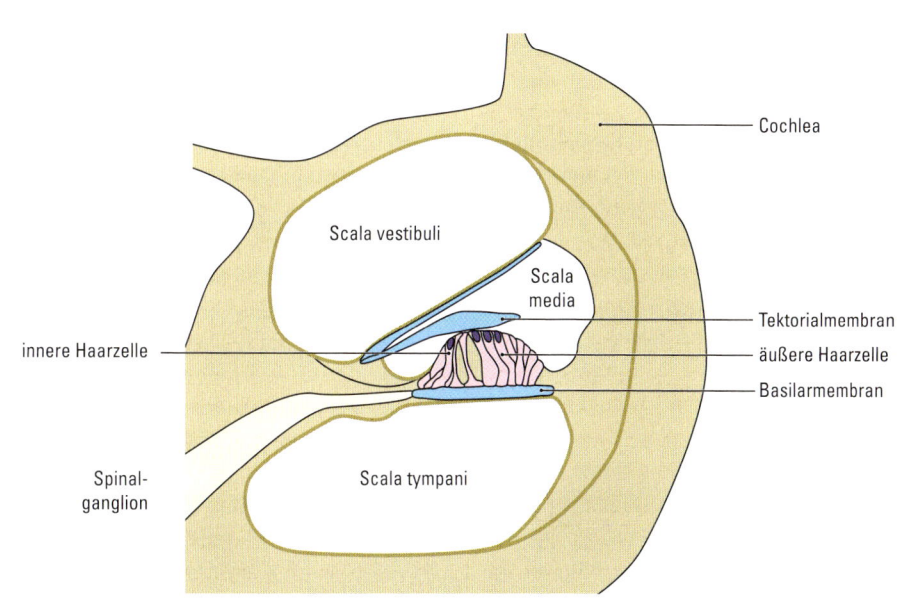

Abb. 32: Anatomie der Cochlea medi-learn.de/6-physio3-32

7 Akustisches System – Hören

> **Beispiel**
> Hier ein vereinfachender Vergleich, der hoffentlich dennoch das Wesentliche verdeutlichen kann: Du kannst dir die Basilarmembran wie eine Gitarrensaite vorstellen. Die breiten, weniger gespannten Saiten produzieren die tiefen Töne (niedrige Frequenzen), die dünnen, stärker gespannten Saiten dagegen hohe Töne (hohe Frequenzen). Übertragen auf die Basilarmembran bedeutet dies, dass am Helicotrema (breitere, weniger steife Basilarmembran) tiefe Frequenzen und am Beginn der Schnecke (dünnere, steifere Basilarmembran) hohe Frequenzen abgebildet werden.

7.2.2 Umsetzung der Schwingung in elektrische Information

Wie du bereits oben lesen konntest, wird – je nach Frequenz – die Basilarmembran an einer Stelle besonders stark ausgelenkt. Die im Innenohr ankommenden Schwingungen übertragen sich aber auch auf die Tektorialmembran und die Endolymphe, wodurch die Zilien der äußeren und inneren Haarzellen abgeschert werden (s. Abb. 32, S. 71). Die Zilien sind untereinander durch tip links verbunden. Durch das Abscheren werden diese tip links gespannt und entspannt, was der adäquate Reiz ist für die Öffnung von Kalium-Kanälen in den Haarzellen. Hierdurch kommt es zum Kaliumeinstrom in die Zellen und damit zur Depolarisation (s. Abb. 33, S. 73). Jetzt werden sich sicherlich einige fragen, wieso es denn bei einer Öffnung von K^+-Kanälen zur Depolarisation kommt? Normalerweise strömen doch die K^+-Ionen aus der Nervenzelle heraus. Das tun sie auch, da dort auf die K^+-Ionen ein Potenzial von –70 mV gegenüber dem Extrazellulärraum wirkt und die extrazelluläre K^+-Konzentration gering ist. Im Innenohr dagegen ist die besondere Zusammensetzung der Endolymphe zu beachten, die die Haarzellen umgibt. Sie ist kaliumreich und besitzt ein Potenzial von +80 mV gegenüber dem Extrazellulärraum und damit von +150 mV gegenüber den Haarzellen. Dieses hohe positive Potenzial für K^+-Ionen ist der Grund, warum die Haarzellen durch einen Kaliumeinstrom depolarisiert werden.

Nur die äußeren Haarzellen berühren die Tektorialmembran und werden durch deren Schwingung erregt. Die inneren Haarzellen werden durch Endolymphbewegungen depolarisiert.

In den Fragen des schriftlichen Examens solltest du unbedingt darauf achten, ob nach dem Potenzial von Endolymphe gegenüber den Haarzellen gefragt wird (+150 mV) oder nach dem Potenzial von Haarzellen gegenüber der Endolymphe (–150 mV).

Die hohe K^+-Konzentration der Endolymphe wird mit Hilfe der Stria vascularis aufrechterhalten. Dieser blutgefäßreiche Bezirk im äußeren Abschnitt der Scala media besitzt viele Ionenpumpen, besonders für K^+-Ionen. Die Ionenpumpe, die das Kalium transportiert, begegnet dir auch in der Niere. Es ist der $Na^+/K^+/2\ Cl^-$-Transporter. Da dieser durch das Schleifendiuretikum Furosemid gehemmt wird, kann Furosemid zu Taubheit führen.

Das Gleichgewichtspotenzial für K^+ zwischen Haarzellen und Endolymphe liegt bei 0 mV. Da das Membranpotenzial im Ruhezustand –70 mV gegenüber der Perilymphe und –150 mV gegenüber der Endolymphe beträgt, streben die K^+-Ionen in die Haarzellen hinein.

> **Merke!**
> Die Depolarisation/Erregung der Haarzellen erfolgt durch K^+-Einstrom.

Das Verhältnis von inneren zu äußeren Haarzellen beträgt ca. 1 : 3. Äußere und innere Haarzellen unterscheiden sich dabei in ihrer Reaktion auf eine Depolarisation: Die äußeren Haarzellen sind **Verstärker**. Werden sie depolarisiert, so kontrahieren sie, was die Verschiebung der Tektorialmembran gegenüber

7.2.2 Umsetzung der Schwingung in elektrische Information

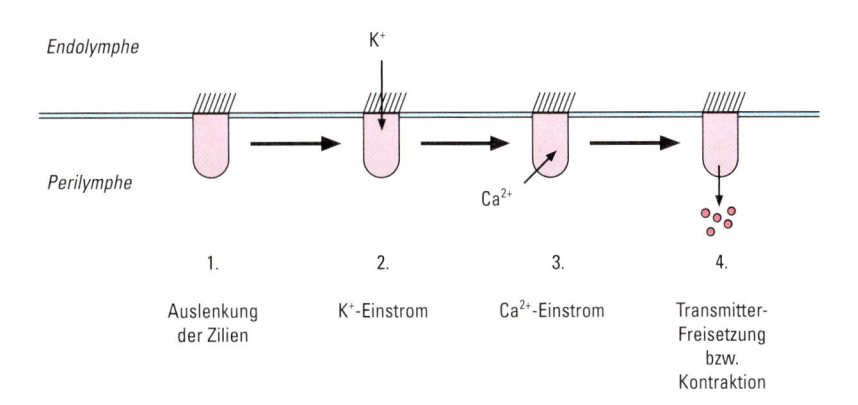

Abb. 33: Signaltransduktion in den Haarzellen

medi-learn.de/6-physio3-33

1. Auslenkung der Zilien
2. K$^+$-Einstrom
3. Ca^{2+}-Einstrom
4. Transmitter-Freisetzung bzw. Kontraktion

der Basilarmembran verstärkt. Damit tragen die äußeren Haarzellen zur Ortsselektivität bei. An der Kontraktion ist das Protein Prestin (presto italienisch = sehr schnell) beteiligt. Es bildet Taschen innerhalb der äußeren Haarzellen. Diese befinden sich an der Seitenwand der Zellen und enthalten Chlorid. Kommt es zur Depolarisation der Membran, fließen die negativen Cl$^-$-Ionen aus den Taschen ins Zytoplasma. Dadurch werden die Taschen kleiner und die Seitenwand der äußeren Haarzellen verkürzt sich. Kommt es zur Repolarisation (Potenzial wird negativer), fließen die Chloridionen zurück in die Prestintaschen, diese werden wieder größer und die Haarzellen richten sich auf. Aufgrund dieses Mechanismus sind die äußeren Haarzellen die Zellen des Körpers, die elektrische Information am schnellsten in mechanische Bewegung umsetzen können.

> **Übrigens ...**
> Da sie selbst Geräusche erzeugen, können die Kontraktionen der äußeren Haarzellen mit Mikrofonen im Gehörgang als oto-akustische Emissionen gemessen werden. Auf diese Art kann die Funktion des Innenohrs z. B. bei Neugeborenen überprüft werden (nicht zu verwechseln mit der BERA, s. 3.2, S. 29 und 7.3, S. 73).

Die inneren Haarzellen sind Rezeptoren. Ihre Depolarisation (Rezeptorpotenzial) bewirkt einen Ca^{2+}-Einstrom und damit die Transmitterausschüttung. Ihr Transmitter ist Glutamat. Da die inneren Haarzellen selbst kein Aktionspotenzial bilden, sind sie **sekundäre Sinneszellen**. Aktionspotenziale entstehen erst durch Glutamatbindung in den nachgeschalteten Neuronen.

> **Merke!**
>
> Äußere Haarzellen = Verstärker durch Kontraktionen.
> Innere Haarzellen = Rezeptoren und sekundäre Sinneszellen, die Glutamat ausschütten.

7.3 Hörbahn und zentrale Verarbeitung

Durch die inneren Haarzellen werden die Dendriten des 1. Neurons der Hörbahn erregt. Der Zellkörper liegt direkt im Knochen der Schnecke (Modiolus). Dieses Neuron ist eine **Bipolarzelle**. Als Summe bilden die Zellkörper das Ganglion spirale. Dessen Axone bilden den N. cochlearis (N. acusticus), der sich mit dem N. vestibularis zum VIII. Hirnnerven verbindet und durch den inneren Gehörgang zum Hirnstamm zieht. Der VIII. Hirnnerv enthält dabei nicht nur afferente Fasern von den

7 Akustisches System – Hören

Rezeptor	1. Neuron	2. Neuron	Über mehrere Stationen	Thalamus	Primäres auditives Zentrum
Haarzellen des Corti-Organs	Ganglion spirale	Nuclei cochleares dorsales et ventrales	ungekreuzt oder gekreuzt im Lemniscus lateralis	über Colliculus inferior	Corpus geniculatum mediale	temporal: Gyri temporales transversi

Tab. 16: Hörbahn

inneren Haarzellen, sondern auch efferente, die die äußeren Haarzellen innervieren. Im Hirnstamm liegt das 2. Neuron der Hörbahn im Ncl. cochlearis dorsalis oder ventralis. Die Hörbahn zieht über verschiedene Stationen als Lemniscus lateralis zu den Colliculi inferiores. Einige Fasern kreuzen auf diesem Weg zur Gegenseite, andere nicht. Auf diese Weise kommen Informationen aus beiden Ohren auf einer Seite zusammen, sodass räumlichen Hören möglich wird. Die Verschaltung bis hierher ist variabel. Es können auch weniger oder mehr Umschaltungen bis zu diesem Punkt erfolgen. Diese Variationen musst du zwar nicht kennen, es wurde aber bereits nach den Neuronen gefragt, welche erstmals von ipsi- und kontralateral Erregungen erhalten. Diese sitzen im Nucleus olivaris superior. Für alle Fasern gilt, dass sie das Corpus geniculatum mediale (im Thalamus) erreichen und von dort weiter zum Gyrus temporalis transversi – der primären Hörrinde – ziehen. Diese ist **tonotop (nach Tonfrequenzen)** gegliedert, wobei sich hier im Kortex die Ortsselektivität der Cochlea findet.

Die weitere Verarbeitung findet in der angrenzenden sekundären Hörrinde und dann in den Assoziationsfeldern statt. Hier ist besonders das **Wernicke-Zentrum** zu erwähnen (s. 3.1.1, S. 26).

> **Übrigens ...**
> Am Hirnstamm kann die elektrische Aktivität der Hörbahn nach einem akustischen Reiz gemessen werden. Diese Aktivität nennt man akustisch evozierte Hirnstammpotenziale. Mit ihnen kann bei Neugeborenen und auch Bewusstlosen die Funktionsfähigkeit des Innenohrs überprüft werden.
> Das Ganze nennt sich BERA (brainstem evoked response audiometry). Die BERA ist nicht auf die Mitarbeit des Patienten angewiesen und weist die Funktion des Innenohrs auch ohne bewusstes Wahrnehmen (Kortexebene) eines Tons nach. (Bei Neugeborenen ist das Ohr zwar ausgereift, allerdings der zugehörige Kortex noch nicht.) Die erste Welle der frühen akustisch evozierten Potenziale (AEPs) tritt dabei bereits Millisekunden nach Reizung auf. Die Kurve der BERA muss durch mehrfache Reizung ermittelt werden

7.4 Hörstörungen und Hörprüfungen

In diesem Kapitel findest du die wichtigsten Hörstörungen und die Methoden, sie zu diagnostizieren – wieder einmal Themen, die dir nicht nur in der Prüfung, sondern auch in der Klinik begegnen werden.

7.4.1 Schallleitungs- und Schallempfindungsstörungen

Es gibt zwei große Gruppen von Hörstörungen:
– die Schallleitungsstörungen,
– die Schallempfindungsstörungen.

Eine **Schallleitungsstörung** hat ihre Ursache im **Mittelohr** oder im äußeren Gehörgang. Hier wird die Weiterleitung des Schalls behindert. Ursachen hierfür können eine Otitis media (Mittelohrentzündung), eine Trommelfellperforation, eine Otosklerose (Versteifung der Gehörknöchelchen) oder ein Cholesteatom (Knocheneiterung) sein. Der Höreindruck

ist hierbei weitgehend unverändert; es wird nur alles leiser wahrgenommen.
Bei einer **Schallempfindungsstörung** kann der Schaden im **Innenohr** oder **retrocochleär** (hinter der Schnecke) liegen. Eine Innenohrschädigung kommt durch Degeneration oder Untergang der Haarzellen zustande. Ursachen hierfür können eine verminderte Durchblutung, ototoxische Substanzen oder eine Lärmschädigung sein, die übrigens schon ab Schalldruckpegeln von 85 dB stattfindet. Bei einer Haarzellschädigung werden vor allem die für hohe Frequenzen zuständigen Zellen zerstört. Dadurch entsteht ein **verzerrter Höreindruck**.
Retrocochleäre Schäden haben ihre Ursachen auf neuronaler oder ZNS-Ebene. Prüfungsrelevant ist hier vor allem das **Akustikusneurinom**. Dies ist ein Schwannom (Tumor der Schwann-Zellen) des vestibulären Teils des VIII. Hirnnerven, das durch Kompression den Nerv schädigt.

> **Übrigens ...**
> - Eine verminderte Durchblutung des Innenohrs kann durch Ödeme bei Entzündungen, durch bestimmte Diuretika aber auch idiopathisch bedingt sein.
> - Das Akustikusneurinom ist in der BERA durch verlängerte Nervenleitungszeiten zu erkennen.
> - Eine besondere Form der Schallempfindungsstörung ist die **Presbyakusis (Altersschwerhörigkeit)**. Geschädigt sind hierbei sowohl cochleäre als auch retrocochleäre Strukturen. Hauptursache ist der Untergang der Haarzellen der Schneckenbasis mit der Folge eines Hochtonverlusts.
> - Eine plötzliche Schallempfindungsstörung ohne erkennbare Ursache wird Hörsturz genannt.

Schallleitungsstörung: Ursache im Mittelohr (z. B. Entzündung) oder im äußeren Gehörgang.

Schallempfindungsstörung: Ursache im Innenohr oder neuronal (Haarzell- oder Nervenschädigung), meist einhergehend mit Hochtonverlust.
Presbyakusis (Altersschwerhörigkeit): besondere Form der Schallempfindungsstörung im Alter durch Haarzelldegeneration.

7.4.2 Hörprüfungen = Audiometrien

Es gibt zwei Arten, wie Schall zum Innenohr gelangen kann:
– die Luftleitung,
– die Knochenleitung.
Die **Luftleitung** erfolgt über das **Mittelohr**, die **Knochenleitung** über die **Schädelknochen**, wenn ein Ton direkt auf den Schädel übertragen wird (z. B. mit einer Stimmgabel). Der ankommende Schalldruckpegel ist bei der Luftleitung um ca. 40 dB höher als bei der Knochenleitung.
Die Überprüfung der beiden Leitungen erlaubt eine Differenzierung zwischen Schallleitungs- und Empfindungsstörungen: Bei einer Leitungsstörung ist die Luftleitung beeinträchtigt, da hierbei das Mittelohr geschädigt ist (s. 7.4.1, S. 74). Die Knochenleitung hingegen bleibt unbeeinträchtigt, da sie nicht auf das Mittelohr angewiesen und das Innenohr intakt ist. Bei einer Schallempfindungsstörung sind sowohl Luft- als auch Knochenleitung in gleichem Maße beeinträchtigt, da die Ursache im Innenohr liegt (s. 7.4.1, S. 74). Es ist also egal, wie der Schall zu den Haarzellen gelangt, da diese zerstört sind und nichts mehr wahrnehmen können.

> **Merke!**
>
> Schallleitungsstörung (Mittelohrschaden):
> – Luftleitung↓
> – Knochenleitung ohne pathologischen Befund.
> Schallempfindungsstörung (Innenohrschaden):
> – Luftleitung↓
> – Knochenleitung↓.

7 Akustisches System – Hören

Wichtige Tests zur Überprüfung dieser Funktionen sind
- die **Audiometrie**,
- der **Weber-Test**,
- der **Rinne-Test**.

Für **Weber-** und **Rinne-Test** ist nur eine Stimmgabel notwendig. Beim **Rinne-Test** wird die Stimmgabel angeschlagen und aufs Mastoid gesetzt (Knochenleitung). Wenn der Patient den Ton nicht mehr hören kann, hält man die Stimmgabel vor den äußeren Gehörgang (Luftleitung). Wird der Ton jetzt wieder gehört, ist man Rinne positiv. Hört man den Ton nicht ist man Rinne negativ. Ein Patient mit intakter Schallleitung hört den Ton vor dem Gehörgang wieder, ist also Rinne positiv. Dies ist bei einer Schallempfindungsstörung und beim Gesunden der Fall. Ein Patient mit einer Schallleitungsstörung hört den Ton vor dem Gehörgang nicht mehr und ist damit Rinne negativ.

Beim **Weber-Test** wird eine Stimmgabel angeschlagen und auf die **Schädelmitte** gesetzt. So wird die Knochenleitung überprüft: Ein Gesunder hört den Ton mit beiden Ohren gleich laut. Ein Mensch mit Innenohrschaden hört den Ton mit dem gesunden Ohr besser, ein Mensch mit Mittelohrschaden hingegen hört den Ton mit dem kranken Ohr besser. Mit einem kranken Ohr besser hören? Ja, das gibt es. Bei einem Mittelohrschaden ist die Knochenleitung nicht beeinträchtigt. Zudem kann der Schall über das erkrankte Mittelohr nicht so gut abtransportiert werden und reizt dadurch die Haarzellen für längere Zeit. Schließlich haben sich auch noch die Haarzellen des kranken Ohres an die kleineren Schalldrücke angepasst und sind empfindlicher.

> **Merke!**
>
> Schallleitungsstörung:
> - Rinne-Test negativ
> - Weber-Test → Lateralisierung ins kranke Ohr.
>
> Schallempfindungsstörung:
> - Rinne-Test positiv
> - Weber-Test → Lateralisierung ins gesunde Ohr.

Diese beiden Tests sind nicht geeignet, um qualitative Aussagen über einen Hörverlust zu machen. Sie können lediglich dann zwischen Leitungs- und Empfindungsstörung unterscheiden, wenn ein Patient angibt, auf einem Ohr schlechter zu hören. **Zur Quantifizierung eines Hörverlusts** dient die **Schwellenaudiometrie** (s. Abb. 34, S. 77). Dabei werden einem Patienten Töne unterschiedlicher Frequenz mit aufsteigendem Schalldruckpegel dargeboten. Dies geschieht zum einen per Luftleitung (Kopfhörer) und zum anderen per Knochenleitung (Aufsatz auf das Mastoid). Der Patient drückt einen Knopf, sobald er einen Ton hört, und die Ergebnisse werden in einem Audiogramm aufgetragen. Als Nulllinie dient die Hörkurve eines 14-Jährigen. Ein evtl. vorhandener Hörverlust wird in dB-Verlust als Minuswert nach unten aufgetragen.

7.4.2 Hörprüfungen = Audiometrien

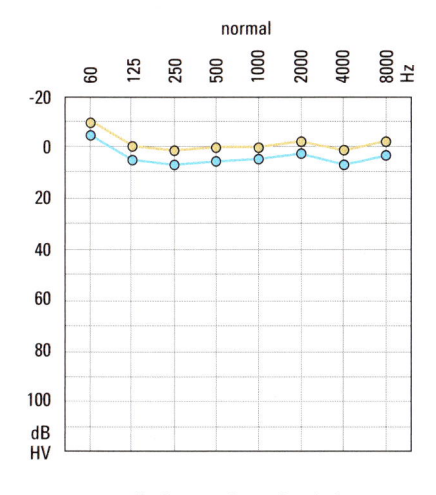

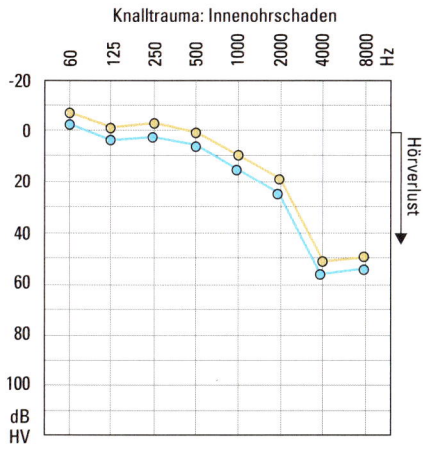

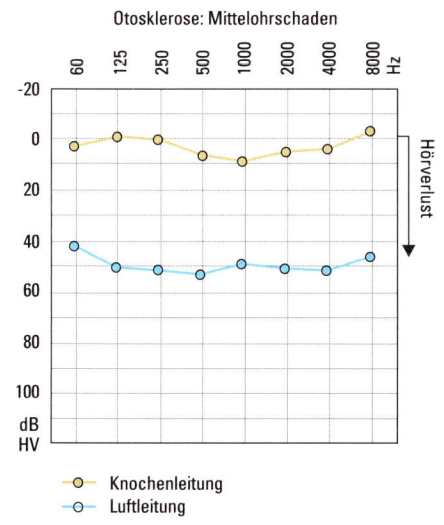

Abb. 34: Audiogramme *medi-learn.de/6-physio3-34*

DAS BRINGT PUNKTE

Im schriftlichen Examen wird häufig verlangt, den **Schalldruckpegel** zu berechnen:
- Ist der Schalldruck gegeben, gilt folgende Formel:
  $L = 20 \cdot \log_{10} p_x/p_0$.
- Wird nur die Vergrößerung des Schalldrucks um einen bestimmten Faktor angegeben und du sollst den Faktor für den Schalldruckpegel berechnen, brauchst du folgende Formel:
  $L = 20 \cdot \log_{10} \cdot$ Faktor
  - Bei 10^2 sind das $2 \cdot 20$,
  - bei 10^3 sind das $3 \cdot 20$,
  - bei 10^4 sind das $4 \cdot 20$ usw.
- Ist dagegen die Vergrößerung der Schallintensität um einen Faktor angegeben, gilt folgende Formel:
  $L = 10 \cdot \log_{10} \cdot$ Faktor

Immer wieder gerne werden auch die **Hörschwellen** gefragt:

- absolute Hörschwelle = 4 Phon (bei 1000 Hz: 4 dB),
- Schmerzschwelle = 130 Phon (bei 1 kHz: 130 dB),
- Intensitätsunterschiedsschwelle im Bereich der Hörschwellenkurve = 1 dB und
- Tonhöhenunterschiedsschwelle bei 1000 Hz = 0,3 %.

Für die **Frequenzanalyse** im Innenohr solltest du wissen:
- Je weiter am Helicotrema, desto tiefer die Frequenzen,
- je weiter an der Schneckenbasis, desto höher die Frequenzen.

Wichtig für die **Transduktion** ist, dass
- die Depolarisation der Haarzellen durch einen K^+-Einstrom erfolgt und
- innere Haarzellen sekundäre Sinneszellen sind.

FÜRS MÜNDLICHE

Zum Thema "Akustisches System – Hören" werden in der Mündlichen häufig folgende Fragen gestellt:

1. **Erläutern Sie bitte, was man unter Schalldruckpegel und unter Lautstärke versteht.**

2. **Bitte erklären Sie, wie die Frequenzanalyse funktioniert.**

3. **Bitte erklären Sie, wie die Transduktion funktioniert.**

4. **Welche Hörstörungen kennen Sie?**

---

1. Erläutern Sie bitte, was man unter Schalldruckpegel und unter Lautstärke versteht.
Der Schalldruck unseres Hörbereichs ist sehr gering. Deshalb hat man einen logarithmischen Wert eingeführt, den Schalldruckpegel L. Formel:
$L = 20 \cdot \log_{10} p_x/p_0$.
Einheit: Dezibel (dB).

Da uns verschiedene Frequenzen bei gleichem Schalldruckpegel unterschiedlich laut vorkommen, hat man eine neue Größe eingeführt – die Lautstärke mit der Einheit Phon. Bei der Frequenz f = 1 kHz sind 60 dB = 60 Phon. Bei anderen Frequenzen sind die dB- und die Phon-Skala jedoch nicht identisch.

FÜRS MÜNDLICHE

2. Bitte erklären Sie, wie die Frequenzanalyse funktioniert.
Verschiedene Frequenzen werden auf unterschiedlichen Stellen der Cochlea abgebildet. Dies bezeichnet man als Frequenz-Orts-Abbildung oder Ortsselektivität. An der Basis: hohe Frequenzen, an der Spitze: tiefe Frequenzen. Ursache hierfür sind die von der Basis zur Spitze abnehmende Steifigkeit der Basilarmembran und die Änderung der Schallwellengeschwindigkeit.

3. Bitte erklären Sie, wie die Transduktion funktioniert.
An einer Stelle der Basilarmembran bildet sich das Wellenmaximum. Dadurch kommt es zum Abscheren der Zilien der Haarzellen. Es folgt ein K^+-Einstrom, da das Potenzial von Endolymphe zur Haarzelle +150 mV beträgt. Durch das einströmende K^+ kommt es zur Depolarisation. Die Folgen sind in den äußeren Haarzellen Kontraktionen und in den inneren Haarzellen eine Transmitterausschüttung. Durch die Transmitterbindung am folgenden Neuron wird dieses depolarisiert und ein AP gebildet.

4. Welche Hörstörungen kennen Sie?
Es gibt zwei Arten von Hörstörungen:
- die Schallleitungsstörungen und
- die Schallempfindungsstörungen.

Charakteristika der Schallleitungsstörung sind:
- Mittelohrschaden,
- Luftleitung↓,
- Knochenleitung ohne pathologischen Befund,
- Weber-Test Lateralisierung ins kranke Ohr und
- Rinne-Test negativ.

Charakteristika der Schallempfindungsstörung sind:
- Innenohr- oder Nervenschaden,
- Luft- und Knochenleitung↓,
- Weber-Test Lateralisierung ins gesunde Ohr und
- Rinne-Test positiv.

Pause

Päuschen gefällig?
Das hast Du Dir verdient!

Ein besonderer Berufsstand braucht besondere Finanzberatung.

Als einzige heilberufespezifische Finanz- und Wirtschaftsberatung in Deutschland bieten wir Ihnen seit Jahrzehnten Lösungen und Services auf höchstem Niveau. Immer ausgerichtet an Ihrem ganz besonderen Bedarf – damit Sie den Rücken frei haben für Ihre anspruchsvolle Arbeit.

- Services und Produktlösungen vom Studium bis zur Niederlassung
- Berufliche und private Finanzplanung
- Beratung zu und Vermittlung von Altersvorsorge, Versicherungen, Finanzierungen, Kapitalanlagen
- Niederlassungsplanung & Praxisvermittlung
- Betriebswirtschaftliche Beratung

Lassen Sie sich beraten!

Nähere Informationen und unseren Repräsentanten vor Ort finden Sie im Internet unter www.aerzte-finanz.de

Deutsche Ärzte Finanz

Standesgemäße Finanz- und Wirtschaftsberatung

8 Vestibuläres System – Gleichgewicht

Fragen in den letzten 10 Examen: 5

Während Sehen und Hören Vorgänge sind, die uns bewusst werden, läuft beim Gleichgewichtssinn das meiste unbewusst ab. Wir merken normalerweise nicht, wie die Gleichgewichtsorgane, die Muskelspindeln und das Kleinhirn ständig unsere Haltung im Raum überprüfen und – falls notwendig – korrigieren. Wir merken auch nicht, dass die Stellung unseres Kopfes und die Blickmotorik durch das Gleichgewichtsorgan beeinflusst werden. Was wir dagegen sehr deutlich wahrnehmen, ist ein Ausfall unseres Vestibularorgans (Gleichgewichtsorgans) oder wenn es Probleme hat, wie z. B. bei einer Kinetose (Seekrankheit).

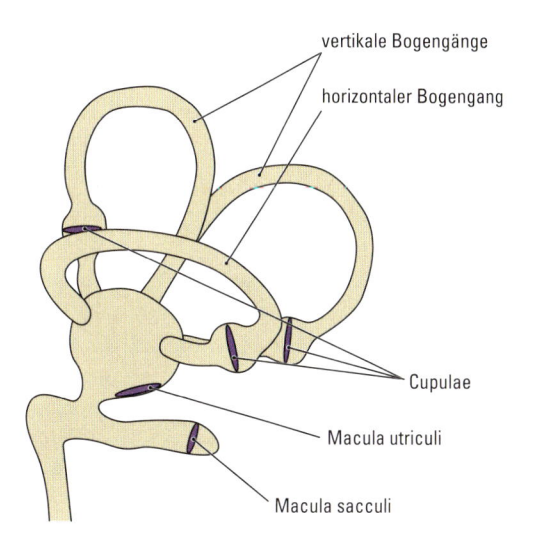

Abb. 35: Anatomie des Gleichgewichtsorgans
medi-learn.de/6-physio3-35

8.1 Rezeption und Transduktion

Innenohr und Gleichgewichtsorgan sind sich im Transduktionsmechanismus ähnlich. Falls du daher das letzte Kapitel verstanden hast, wird dir das folgende leichter fallen und du kannst hier auch mit Aussagen Punkte sammeln, die du bereits im letzten Kapitel gelernt hast: Zwei zum Preis von einem ...

8.1.1 Maculaorgane

Wie immer kommt man an der Anatomie nicht vorbei. Hier also zunächst der Aufbau des Gleichgewichtsorgans:

Auf Abb. 35, S. 81 sieht man zum einen die Maculaorgane und zum anderen die Bogengänge (s. 8.1.2, S. 82). Wie außerdem zu sehen ist, liegen der Sacculus vertikal und der Utriculus horizontal, und damit beide Organe im Winkel von 90° zueinander. Dadurch ist es den Maculaorganen möglich, die Lage unseres Kopfes im Gravitationsfeld zu bestimmen. Die Macula sacculi steht (beim aufrecht stehenden Menschen) senkrecht zur Erdoberfläche und wird in Ruhe durch die Erdanziehung und beim Hüpfen erregt. Die Macula utriculi steht (beim aufrecht stehenden Menschen) parallel zur Erdoberfläche und wird z. B. beim geradeaus Laufen erregt.

Aber wie funktioniert das genau? Die Sinneszellen der Maculaorgane sind von Endolymphe umgeben, die die gleiche Zusammensetzung wie die Endolymphe der Cochlea hat. Die Zilien der Sinneszellen sind bedeckt von der Statolithenmembran (Otolithenmembran), einer Art Gallerte. Entscheidend für deren Funktion ist, dass die Dichte der Statolithenmembran durch Calcit-Einlagerungen höher ist als die der Endolymphe. Daher werden bei **Linearbeschleunigungen** (Translationsbeschleunigungen = vor/zurück; Gravitation = rauf/runter) die Statolithenmembran mit den Fortsätzen der Sinneszellen und die Endolymphe unterschiedlich stark beschleunigt. Durch diese Relativbewegung der Statolithenmembran über dem Sinnesepithel werden die Stereozilien der Haarzellen abgeschert. Im Unterschied zur Cochlea haben die Haarzellen des Gleichgewichtsorgans ein **Kinozilium**, und die K^+-Kanäle ihrer Membran werden bereits im Ruhezustand im Wechsel geöffnet und geschlossen. Die Folge ist eine Depolarisation der Haarzellen, die Freisetzung des Neurotransmitters Glutamat und die Weiterleitung von Aktionspotenzialen in der afferenten Nervenfaser auch in Ruhe (s. Abb. 36, S. 83).

Werden nun die Fortsätze der Haarzellen in Stimulationsrichtung (in Richtung Kinozilium) ausgelenkt, so dehnen sich die tip links und die Leitfähigkeit der Membran für Kationen (K^+, Na^+, Ca^{++}) steigt. Dadurch wird die Haarzelle stärker depolarisiert und setzt mehr Glutamat frei, was wiederum zur Weiterleitung von Aktionspotenzialen in der afferenten Nervenfaser führt – allerdings mit wesentlich höherer Frequenz als im Ruhezustand.

Werden die Fortsätze der Haarzellen in Inhibitionsrichtung (weg vom Kinozilium) ausgelenkt, werden die tip links gestaucht und die Leitfähigkeit der Membran für Kationen sinkt. Die Folgen sind eine geringere Depolarisation, die verringerte Freisetzung von Glutamat und in der afferenten Nervenfaser die Weiterleitung von Aktionspotenzialen mit wesentlich geringerer Frequenz als im Ruhezustand. Die Haarzellen des Vestibularorgans zeigen eine hohe Ruheaktivität, die der Bogengänge (s. 8.1.2, S. 82) haben sogar die höchste Aktionspotenzialfrequenz ohne Reizexposition in unserem Körper!

Die Aufgabe der Maculaorgane ist die Stabilisierung des Kopfes und damit auch des Körpers. Im Rahmen der Stabilisierung bewirkt eine Erregung der Maculaorgane beim Fallen eine Streckreaktion der Extremitäten. Durch diese Streckreaktion wird versucht, den Fall abzufangen. Dieser Reflex läuft – wie so vieles andere auch – **unbewusst** ab.

> **Merke!**
> – Eine Abscherung der Stereozilien zum Kinozilium hin führt zum K^+-Einstrom und zur Depolarisation der Haarzellen.
> – Sowohl cochleäre als auch vestibuläre Haarzellen sind sekundäre Sinneszellen.

8.1.2 Cristaorgane

Zu diesem Thema gab es in den letzten Examina keine direkten Fragen. Es ist aber die Grundlage um das wichtige Thema Nystagmus zu verstehen.

Neben den Maculaorganen gehören auch die Bogengänge (Ductus semicirculares) zum Gleichgewichtsorgan. Sie stehen senkrecht zueinander und decken so die drei Ebenen des Raums ab. Die drei Bogengänge tragen im Bereich der Ampullen (Erweiterungen, Cristae ampullares) Sinnesepithel mit Haarzellen, die Cristaorgane. Die Zilien der Haarzellen sind bedeckt von der Cupula, einer Art Gallerte. Im Gegensatz zur Statolithenmembran hat die Cupula die gleiche Dichte wie die Endolymphe, sodass eine Linearbeschleunigung hier NICHT zum Abscheren der Zilien führt. Der adäquate Reiz für die Cristaorgane ist vielmehr eine **Winkelbeschleunigung** (Drehbeschleunigung). Hierbei kommt es durch die Trägheitsströmung der Endolymphe, die der Drehung des Kopfes hinterher hinkt, zum Abscheren der Zilien. Der Rest läuft wie in der Macula ab (s. Abb. 36, S. 83).

> **Merke!**
> – adäquater Reiz für Maculaorgane = Linearbeschleunigung
> – adäquater Reiz für Cristaorgane = Winkel-(Dreh-)beschleunigung

8.1.2 Cristaorgane

In Ruhe senden alle Bogengangsorgane Signale. Sie besitzen sogar die höchste Ruheaktivität aller Nerven- und Sinneszellen im Körper. Doch was genau passiert mit den horizontalen (lateralen) Bogengängen bei einer Drehung? Beim Beginn einer Drehung des Kopfes nach links steigt die Frequenz der Aktionspotenziale aus dem linken Bogengang. Der rechte Bogengang verhält sich entgegengesetzt: Die Frequenz seiner Aktionspotenziale fällt. Die beiden Bogengangsorgane der beiden Gleichgewichtsorgane reagieren also immer gegensätzlich auf denselben Reiz (s. Tab. 17, S. 83).

Beim Abstoppen einer Drehung hinkt die Endolymphe NICHT hinterher, sondern läuft noch weiter, obwohl die Drehung schon zu Ende ist (wie ihr schön beim Kaffeeumrühren beobachten könnt).

Dadurch werden die Kinozilien in die entgegengesetzte Richtung abgeschert und die Reaktion ist entgegengesetzt zu der beim Beginn der Drehung:

- Beginn der Drehung nach links = Erregung des linken Bogengangs,
- Stopp der Drehung nach links = Erregung des rechten Bogengangs.

Übrigens …

Bei einseitiger Zerstörung eines Gleichgewichtsorgans kommt es zu Übelkeit, Erbrechen, Drehschwindel und Nystagmus (s. 8.2, S. 84) zur gesunden Seite. Außerdem besteht eine Fallneigung zur erkrankten Seite. Dies ist dadurch zu erklären, dass die Ruheaktivität der Sinneszellen auf einer Seite wegfällt. Unser Gehirn bekommt dadurch den Eindruck, als herrsche eine ständige Drehung. Mit der Zeit passt sich das Gehirn aber an den Ausfall an, und die Symptome verschwinden. Ein Ausfall beider Gleichgewichtsorgane hat schwächere Symptome zur Folge, da dann die Informationen von beiden Organen gleichzeitig fehlen, wodurch unser Gehirn wesentlich weniger verwirrt wird.

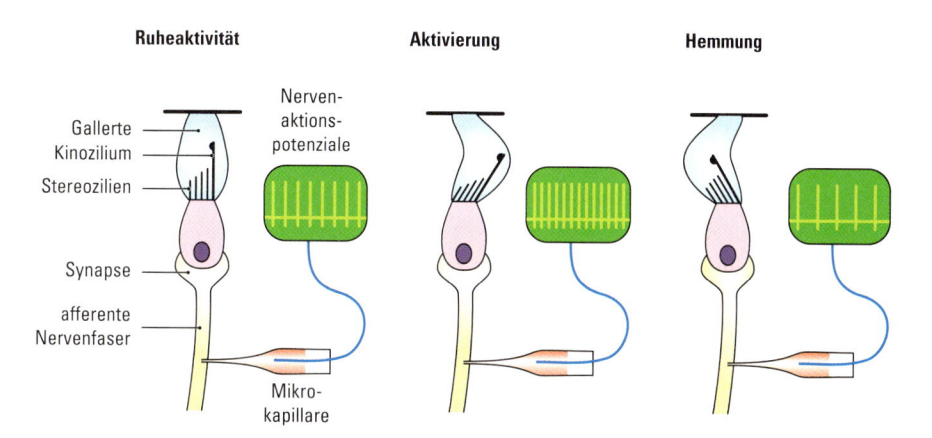

Abb. 36: Erregung und Hemmung der Haarzellen des Gleichgewichtsorgans

medi-learn.de/6-physio3-36

	Beginn Drehung nach links	Stopp Drehung nach links	Beginn Drehung nach rechts	Stopp Drehung nach rechts
linker Gang	erregt	gehemmt	gehemmt	erregt
rechter Gang	gehemmt	erregt	erregt	gehemmt

Tab. 17: Aktivierung der lateralen Bogengänge bei Drehbeschleunigung

8.2 Nystagmus

Der Nystagmus ist ein Reflex, der die Anpassung der Kopf- an die Augenbewegungen sicherstellt. Durch die langsamen Gleitbewegungen und durch **Sakkaden (schnelle, ruckartige Stellbewegungen der Augen)** können wir einen Punkt trotz Bewegung fixieren. Ein Nystagmus entsteht durch die Zusammenarbeit von Gleichgewichtsorgan, Sehrinde und Kleinhirn.

> **Beispiel**
> Sitzen wir in einem fahrenden Zug und schauen aus dem Fenster auf einen draußen stehenden Baum, so folgen unsere Augen ihm eine Weile, um dann in einer schnellen Bewegung (Sakkade) zurückzukehren und ein neues Objekt zu fixieren. Diesen Reflex nennt man **optokinetischen Nystagmus**. Er adaptiert NICHT.

> **Übrigens ...**
> Die Nystagmusrichtung wird immer nach der schnellen Komponente (Sakkade) benannt. Ärzte machen sich den Nystagmus zunutze, um das Gleichgewichtsorgan zu überprüfen. Dazu dienen der kalorische und der rotatorische Nystagmus.

Beim **kalorischen Nystagmus** wird der äußere Gehörgang mit Wasser gespült, das kälter oder wärmer als 37 °C ist. Bei kaltem Wasser ist der Nystagmus vom gespülten Ohr weggerichtet, bei warmem Wasser richtet er sich zum gespülten Ohr hin.
Dies lässt sich durch Dichteveränderungen in der Endolymphe erklären. Wird sie erwärmt, so dehnt sie sich aus. Bei Kühlung zieht sie sich zusammen. Dies führt zu einem Fluss der Endolymphe auch ohne Rotation, die Zilien werden abgeschert und die Zellen erregt.

Der **rotatorische Nystagmus** wird durch Drehbewegungen ausgelöst. Beim Drehbeginn nach rechts sind die Sakkaden (und damit der Nystagmus) nach rechts gerichtet. Beim Stoppen der Drehbewegung nach rechts ist der Nystagmus nach links gerichtet (entspricht der Erregung der Bogengänge). Da der rotatorische Nystagmus durch visuelle Fixation verhindert werden kann, schaltet der Arzt die visuelle Fixation mit einer Frenzelbrille aus.

> **Übrigens ...**
> Die Frenzelbrille hat eine Brechung von +20 dpt, was eine extreme Kurzsichtigkeit vortäuscht. Man kann damit nichts mehr scharf sehen und daher auch nichts mehr fixieren. Diese Gläser vergrößern gleichzeitig die Augen, sodass der Beobachter den Nystagmus gut erkennen kann.

Der optokinetische Nystagmus wird durch Beobachtung der Umgebung während Bewegung ausgelöst.
Der kalorische Nystagmus entsteht durch Einleiten von Wasser, das wärmer oder kälter als 37 °C ist, in den Gehörgang.
Der rotatorische Nystagmus wird durch schnelles Drehen bewirkt, z. B. auf einem Drehstuhl.

> **Übrigens ...**
> – Ein Spontannystagmus ist immer pathologisch. Er kann z. B. durch einseitigen Ausfall eines Gleichgewichtsorgans bedingt sein (s. 8.1.2, S. 82).
> – Auch beim Lesen treten Sakkaden auf, vom Zeilenende zur nächsten Zeile (von rechts nach links). Diese Sakkaden werden aber nicht durch einen Nystagmus ausgelöst, sondern bewusst herbeigeführt.

DAS BRINGT PUNKTE

Die häufigsten Fragen zu diesem Kapitel ähneln denen zum Thema Hören.
Zum Thema **Rezeption** und **Transduktion** solltest du folgende Fakten wissen:
- Eine Abscherung der Stereozilien zum Kinozilium hin führt zum K^+-Einstrom und zur Depolarisation der Haarzellen.
- Auch vestibuläre Haarzellen sind sekundäre Sinneszellen.

Weiterhin solltest du wissen, welche Reize die **Macula- und Cristaorgane** erregen:
- Adäquater Reiz für Maculaorgane ist die Linearbeschleunigung,
- adäquater Reiz für die Cristaorgane ist die Winkel-(Dreh-)beschleunigung.

Wenn du zudem noch weißt, dass der **Nystagmus** durch das Gleichgewichtsorgan ausgelöst werden kann, bist du punktemäßig auch schon ganz vorne dabei.

FÜRS MÜNDLICHE

Im mündlichen Physikum kannst du gut punkten, wenn du folgende Fragen zum Thema "Vestibuläres System – Gleichgewicht" beantworten kannst:

1. **Bitte erklären Sie, wie die Maculaorgane erregt werden.**
2. **Bitte erläutern Sie, wie die Bogengangsorgane erregt werden.**
3. **Erklären Sie bitte, was ein Nystagmus ist.**

---

1. Bitte erklären Sie, wie die Maculaorgane erregt werden.
Durch Linearbeschleunigungen (Translationsbeschleunigungen): Eine Linearbeschleunigung führt dazu, dass sich die Statolithenmembran bewegt, da sie eine größere Dichte als die Endolymphe besitzt und die Zilien der Haarzellen abgeschert werden. Dadurch kommt es zum Kaliumeinstrom und die Membran depolarisiert.

2. Bitte erläutern Sie, wie die Bogengangsorgane erregt werden.
Durch Winkel-/Drehbeschleunigungen: Eine Drehbeschleunigung führt dazu, dass die Endolymphe aufgrund ihrer Trägheit dem Kopf hinterher hinkt und so die Zilien der Haarzellen abgeschert werden.

- Drehung nach links → linker Bogengang aktiviert und rechter gehemmt,
- Drehung nach rechts → rechter Bogengang aktiviert und linker gehemmt.

3. Erklären Sie bitte, was ein Nystagmus ist.
Unter einem Nystagmus versteht man eine Folgebewegung der Augen mit schneller Rückstellbewegung (Sakkaden), ausgelöst durch das Gleichgewichtsorgan, die Sehrinde oder das Kleinhirn. Solch ein Nystagmus wird optokinetischer Nystagmus genannt und tritt z. B. bei einer Bahnfahrt mit Beobachtung der Umgebung auf.
Daneben gibt es noch den rotatorischen Nystagmus, der durch Drehung ausgelöst wird, und den kalorischen, der durch Spülung des Ohrs mit Wasser – kälter oder wärmer als 37 °C – ausgelöst wird.

Mehr Cartoons unter www.medi-learn.de/cartoons

Pause

Wieder ein paar Seiten geschafft!
Jetzt Pause und dann ran an das letzte Kapitel!

9 Chemische Sinne – Riechen und Schmecken

Fragen in den letzten 10 Examen: 12

Die chemischen Sinne sind beim Menschen gegenüber anderen Säugetieren relativ schwach entwickelt. Obwohl sie für uns nicht (mehr) überlebenswichtig sind, haben sie großen Einfluss auf unser Verhalten und unsere Gefühle. Manchmal ist uns dies bewusst, z. B. wenn wir einen bestimmten Geruch meiden, weil uns schlecht davon wird oder wenn uns der Geschmack eines guten Essens glücklich macht. Meistens bleibt die Beeinflussung unseres Verhaltens durch Geruch und Geschmack jedoch unbewusst, wie z. B. bei der Partnerwahl, die auch vom Duft des anderen abhängt. Sprüche wie „ich kann dich nicht riechen" und „ich finde dich zum K ..." haben also auch einen physiologischen Hintergrund.

9.1 Olfaktorisches System – Riechen

Der Mensch ist ein Mikrosmat, d. h. unser Riechvermögen ist eher schlecht. Obwohl unser Geruchssinn im Vergleich zu anderen Säugetieren wie dem Hund ziemlich schlecht abschneidet, sind die Leistungen unserer Nase für unser Leben völlig ausreichend. Schließlich schnüffeln wir ja nicht mehr den ganzen Tag auf dem Boden herum.

9.1.1 Rezeption und Transduktion

Selbst als Mikrosmaten können wir einige Tausend Geruchsqualitäten wahrnehmen. Dabei können Standarddüfte für Geruchsqualitätsklassen angegeben werden, denen man weitere Düfte zuteilt. Für die Geruchswahrnehmung zuständig ist der N. olfactorius (I. Hirnnerv).

Zu den Geruchsqualitätsklassen zählen
- ätherische,
- blumige,
- moschusartige,
- kampferartige,
- stechende,
- faulige Gerüche.

An den Wahrnehmungen brennend, stechend und scharf (Schmerzreiz) ist der N. trigeminus beteiligt. Beispiele hierfür sind Ammoniak und Essig.

Das Riechepithel liegt im Bereich der oberen Nasenmuschel, in der Regio olfactoria. Es enthält die Riechsinneszellen. Dabei handelt es sich um **primäre Sinneszellen**, die ca. 1–2 Monate leben, bevor sie durch Regeneration ersetzt werden.

> **Merke!**
>
> Riechsinneszellen sind primäre Sinneszellen. Sie leben 1–2 Monate und werden durch Regeneration ersetzt.

Die Dendriten der Riechsinneszellen liegen an deren apikalem Zellpol und ragen mit ihren Kinozilien (Riechhärchen) über die Mukosa der Nasenschleimhaut hinaus. In der Zilienmembran befinden sich Rezeptoren für die Geruchsstoffe. Wir haben hunderte von Genen, die hunderte von Rezeptoren codieren. So erklärt sich unser Riechvermögen.

Die Riechschleimhaut ist von einem Flüssigkeitsfilm überzogen, sodass ankommende Geruchsstoffe zunächst in dieser flüssigen Phase gelöst werden müssen, bevor sie die Rezeptoren erreichen können. Da sich hydrophile Geruchsstoffe besser in der flüssigen Phase lösen als lipophile, gelangen sie leichter zu den Riechsinneszellen.

9 Chemische Sinne – Riechen und Schmecken

Bindet ein Geruchsstoff an seinen Rezeptor, so wird ein **G-Protein** aktiviert. Die G-Proteine benutzen als Second messenger cAMP oder IP_3. In der Folge werden Ionenkanäle geöffnet und die Zelle depolarisiert. Da die Riechsinneszelle eine primäre Sinneszelle ist, bildet sie nun selbst Aktionspotenziale an ihrem Axonhügel. Diese Aktionspotenziale werden über das Axon zum Bulbus olfactorius weitergeleitet (s. 9.1.2, S. 88)

Eine Riechsinneszelle stellt vermutlich nur einen oder wenige Rezeptortypen her. Daher geht man davon aus, dass es ca. 350 spezialisierte Riechsinneszellen gibt.

Riechsinneszellen sind sehr empfindlich und können schon auf die Bindung eines einzigen Moleküls eines Geruchstoffs reagieren.

Die Axone der Riechsinneszellen sind marklos (s. 1.3.3, S. 13).

Unsere Riechsinneszellen adaptieren relativ schnell, was ganz gut ist, denn wer würde es sonst wohl lange im Anatomiesaal aushalten? Ihre Adaptation erfolgt aber langsamer als die der Geschmackssinneszellen (s. 9.2.1, S. 89), was du dir für die Fragen des schriftlichen Examens merken solltest.

9.1.2 Zentrale Verarbeitung

Die marklosen Axone der Riechsinneszellen ziehen als Fila olfactoria des N. olfactorius durch die Lamina cribrosa des Os ethmoidale zum Bulbus olfactorius. Bei einer Schädelbasisfraktur kann es deshalb zum Abriss der Fila olfactoria mit Verlust des Geruchssinns kommen. Im Bulbus olfactorius liegen in den Glomeruli olfactorii die 2. Neurone der Riechbahn, die **Mitralzellen**. Innerhalb der Riechbahn herrscht eine **starke Konvergenz**, d. h. viele Sinneszellen erreichen eine Mitralzelle. Dadurch erklärt sich die schwache Leistung unseres Geruchsinns. Die meisten Tiere haben eine geringere Konvergenz und damit eine bessere Riechleistung im Sinne niedrigerer Schwellenwerte.

> **Merke!**
>
> Viele Riechsinneszellen konvergieren auf eine Mitralzelle.

Bereits auf Bulbusebene findet eine Informationsverarbeitung durch hemmende Interneurone und efferente Fasern statt. Die efferenten Fasern stammen z. T. vom kontralateralen Bulbus, sodass die beiden Bulbi olfactorii sich gegenseitig hemmen (rekurrente Hemmung). Vom Bulbus aus ziehen die Axone der Mitralzellen als Tractus olfactorius zum Lobus piriformis und der Area praepiriformis. Diese Regionen sind entwicklungsgeschichtlich älter als der Neokortex und sowohl verbunden mit der Amygdala und dem Hippocampus (limbisches System, gefühlsmäßige Reaktion: Ekel etc.) als auch mit dem Hypothalamus (vegetatives System), dem Thalamus (bewusste Wahrnehmung) und weiteren Regionen (s. Skript Anatomie 3).

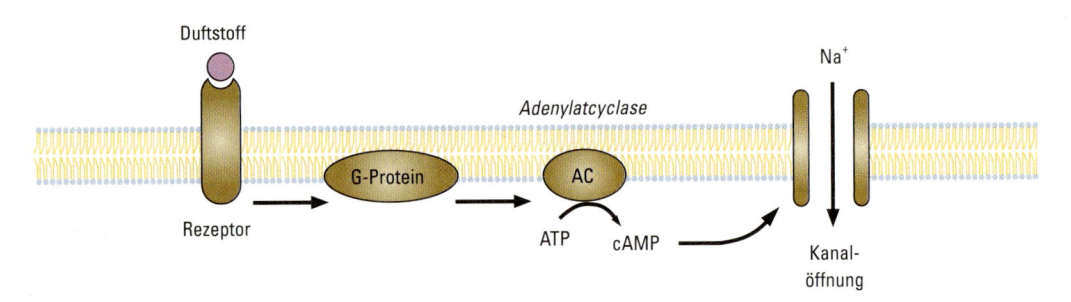

Abb. 37: Signaltransduktion in der Riechsinneszelle

9.2 Gustatorisches System – Schmecken

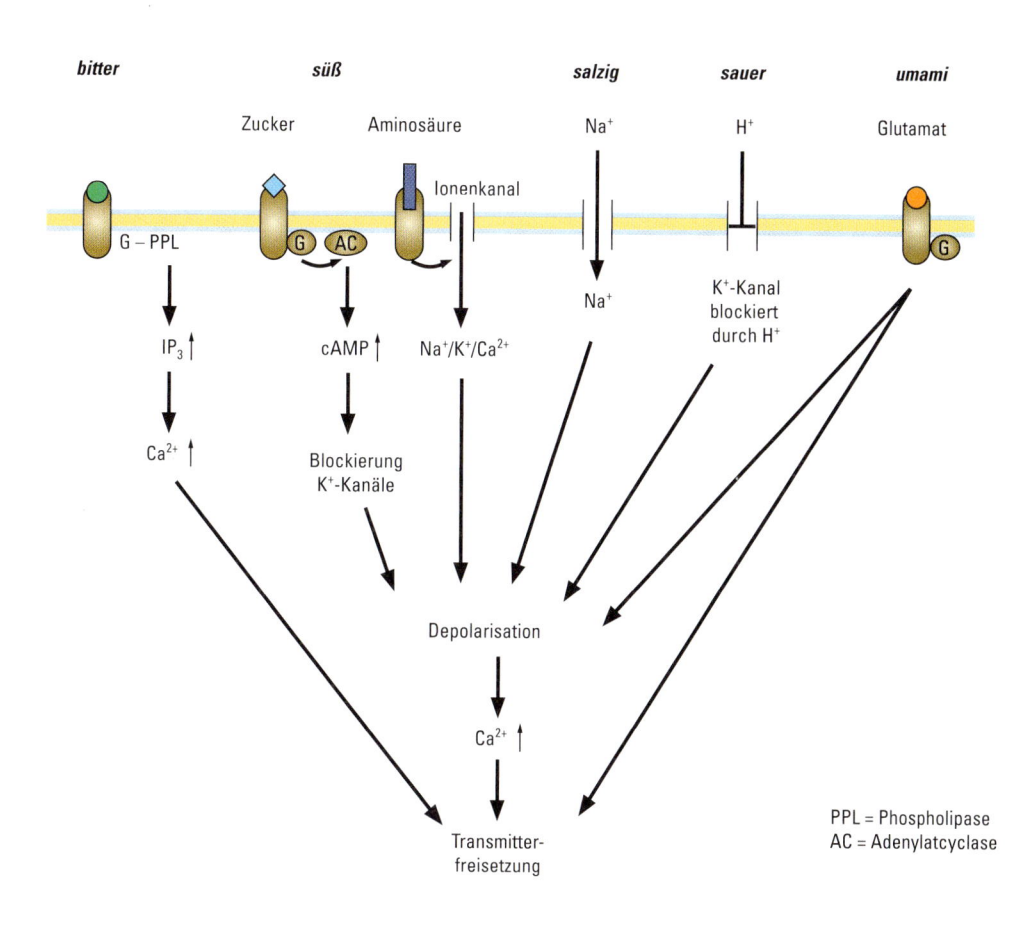

Abb. 38: Signaltransduktion in der Geschmackssinneszelle

PPL = Phospholipase
AC = Adenylatcyclase

9.2 Gustatorisches System – Schmecken

Unser Geschmackssinn ist mit nur **fünf Geschmacksqualitäten** relativ begrenzt. Die größere Anzahl der wahrnehmbaren Geschmacksrichtungen lässt sich durch das Mitwirken des Geruchs bei der Geschmacksempfindung erklären. Obwohl das Schmecken für uns lange nicht so wichtig ist wie das Sehen und das Hören, möchte man nur ungern auf diesen Sinn verzichten. Er steigert einfach die Lebensqualität. Wer zu den Menschen gehört, die bei Erkältungen ihren Geschmackssinn zeitweise verlieren, wird das sicherlich bestätigen.

9.2.1 Rezeption und Transduktion

Unterschieden werden die fünf Geschmacksqualitäten
– süß,
– sauer,
– salzig,
– bitter,
– umami (fleischig, Glutamat).

Die Wahrnehmung dieser unterschiedlichen Geschmacksqualitäten erfolgt auf allen Bereichen der Zunge. Allerdings existieren für die Geschmacksqualitäten süß, bitter und sauer auf der Zunge besonders empfindliche Bereiche, in denen diese Qualitäten deutlicher wahrgenommen werden. Eine bestimmte Geschmacksqualität (süß, sauer usw.) scheint dabei durch

9 Chemische Sinne – Riechen und Schmecken

überlappende Reaktionen verschiedener Sinneszellen zu entstehen. Da Geschmackssinneszellen **sekundäre Sinneszellen** sind, können sie keine Aktionspotenziale bilden. Durch Aktivierung setzen sie einen Transmitter frei, der dann die 1. Neurone der Geschmacksbahn aktiviert. Die Transduktionsmechanismen der verschiedenen Geschmacksstoffe sind bekannt und werden gerne in der schriftlichen Prüfung gefragt:

Saure Geschmacksstoffe wirken über die H^+-Ionen. Diese Ionen blockieren einen K^+-Kanal, wodurch die K^+-Ionen die Zelle nicht mehr verlassen können und die Geschmackssinneszelle depolarisiert wird. Durch die Depolarisation werden Ca^{2+}-Kanäle aktiviert, und das intrazellulär ansteigende Ca^{2+} führt zur Transmitterfreisetzung.

Salzige Stoffe wirken über die Erhöhung der extrazellulären Na^+-Konzentration. Dadurch strömt mehr Na^+ in die Zelle ein und depolarisiert sie.

Bittere Stoffe wirken über die Aktivierung eines G-Proteins und des IP_3-Systems mit nachfolgender Ca^{2+}-Freisetzung.

Für **süße** Stoffe gibt es zwei Rezeptoren:
- Süße Aminosäuren binden an ihren Rezeptor und aktivieren direkt einen Na^+-Kanal, wodurch die Zelle depolarisiert.
- Süße Kohlenhydrate (Zucker) aktivieren ein G-Protein und führen zur cAMP-Erhöhung, was den Verschluss von K^+-Kanälen und eine Depolarisation bewirkt. Saccharose (Rohrzucker) wird dabei süßer empfunden als Glucose (Traubenzucker).

Für die Wahrnehmung der Geschmacksrichtung **umami** (fleischig) ist der metabotrope Glutamatrezeptor zuständig. Glutamat bindet an seinen G-Protein-gekoppelten Rezeptor und führt darüber zur Depolarisation.

> **Merke!**
> - salzig:
> Na^+ strömt in die Zelle → Depolarisation
> - sauer:
> H^+ bewirkt Schließung von K^+-Kanälen → Depolarisation
> - bitter:
>   G-Protein → $IP_3\uparrow$ → $Ca^{2+}\uparrow$
> - süße Aminosäuren:
>   Öffnung Na^+-Kanal → Depolarisation
> - süße Kohlenhydrate (Zucker):
>   G-Protein → cAMP$\uparrow$ → K^+-Kanäle zu → Depolarisation
> - umami (fleischig):
>   G-Protein → Depolarisation

Bei unterschiedlicher Konzentration eines Stoffes werden unterschiedliche Geschmacksqualitäten empfunden: Na^+ schmeckt in geringer Konzentration süß statt salzig. Wie das funktioniert, ist jedoch noch nicht eindeutig geklärt. Die Intensität einer Geschmacksempfindung wird durch die Frequenz der Aktionspotenziale kodiert (wie immer …).

Die Geschmackssinneszellen liegen in den Geschmacksporen innerhalb der Papillae vallatae, foliatae und fungiformes. Sie leben ca. zehn Tage und werden dann ersetzt. In den Papillae filiformes finden sich KEINE Geschmackssinneszellen.

Die Schwelle für bitter ist besonders niedrig, da viele Gifte bitter schmecken.

Für scharf ist der Trigeminus zuständig. Das wahrgenommene Molekül ist Capsaicin. Es wird über den ionotropen TPRV1-Rezeptor gebunden.

9.2.2 Zentrale Verarbeitung

In den letzten Examina gab es keine Fragen zu diesem Thema. Davor jedoch schon, sodass hierzu wieder Fragen auftauchen können.
Analog zu den Riechsinneszellen (s. 9.1.1, S. 87) findet sich auch bei den Geschmackssinneszellen eine **schnelle Adaptation** und eine **Konvergenz** bei Umschaltung auf das 2. Neuron.
Eine Geschmacksempfindung wird von drei Nerven weitergeleitet:
- Der N. facialis erhält Informationen aus den vorderen zwei Dritteln der Zunge,
- der N. glossopharyngeus aus dem hinteren Drittel und
- der N. vagus führt die Geschmacksinformationen aus dem Rachen.

Die Zellkörper der Geschmacksfasern des N. facialis liegen im Ganglion geniculi, die der Fasern des Glossopharyngeus und Vagus im jeweiligen Ganglion der Nerven. Die Axone aller Geschmacksneurone erreichen den Nucleus tractus solitarii in der Medulla oblongata. Dort liegen die 2. Neurone der Geschmacksbahn. Von hier aus ziehen die Fasern weiter zu ihren 3. Neuronen im primären kortikalen Projektionsareal, dem Operculum insulae und dem unteren Gyrus postcentralis. Das Projektionsareal der Geschmacksbahn liegt damit in der Nähe des Sulcus lateralis (Fissura Sylvii), der Trennlinie zwischen Parietal-/Frontallappen und Insula. Erst hier wird der Geschmack bewusst wahrgenommen.

> **Merke!**
> Die 2. Neurone der Geschmacksbahn liegen im Nucleus tractus solitarii.

DAS BRINGT PUNKTE

Immer wieder gerne wird gefragt, ob es sich um **primäre** oder **sekundäre Sinneszellen** handelt. Dazu solltest du wissen, dass
- Riechsinneszellen primäre Sinneszellen sind und
- Geschmackssinneszellen sekundäre Sinneszellen.

Zu den **Riechsinneszellen** solltest du dir außerdem merken, dass

- sie 1 bis 2 Monate leben und dann durch Regeneration ersetzt werden und
- mehrere Sinneszellen auf eine Mitralzelle konvergieren.

Zu den **Geschmackssinneszellen** wird gerne gefragt, dass
- das 2. Neuron der Geschmacksbahn im Nucleus tractus solitarii liegt.

FÜRS MÜNDLICHE

Dieses Thema wirst du in der mündlichen Prüfung höchstwahrscheinlich nicht gefragt. Wesentlich wichtiger ist es, gut über das Hören und Sehen Bescheid zu wissen. Arbeite daher am besten gleich nochmal die Fragen zu diesen Themen durch (s. S. 63 und S. 78).
Für alle, denen Nichts zu wenig ist, stehen hier dennoch ein paar mögliche Fragen und dazu passende Antworten:

1. **Bitte erklären Sie, wie die Rezeption in den Riechsinneszellen funktioniert.**

2. **Erklären Sie bitte den Aufbau der Geruchsbahn.**

3. **Bitte erklären Sie, wie die Rezeption in den Geschmackssinneszellen funktioniert.**

4. **Erläutern Sie bitte den Aufbau der Geschmacksbahn.**

---

1. Bitte erklären Sie, wie die Rezeption in den Riechsinneszellen funktioniert.
Geruchsstoffe werden in der flüssigen Phase der Riechschleimhaut gelöst. Dort gelangen sie zu den Zilien der Dendriten der Riechsinneszellen. In den Zilien sitzen die Rezeptoren für Tausende von Geruchsstoffen. Diese übertragen die Information mit Hilfe von G-Proteinen. Die Zellmembran wird depolarisiert und die Riechsinneszelle erzeugt ein AP.

2. Erklären Sie bitte den Aufbau der Geruchsbahn.
Das 1. Neuron ist die Riechsinneszelle. Deren Axone ziehen als N. olfactorius zum Bulbus olfactorius. Dort befindet sich das 2. Neuron, die Mitralzelle. Deren Axon zieht als Tractus olfactorius weiter zum Lobus piriformis und der Area praepiriformis. Von hier aus gibt es viele Verbindungen z. B. zur Amygdala, dem Hippocampus, dem Thalamus und dem Hypothalamus.

3. Bitte erklären Sie, wie die Rezeption in den Geschmackssinneszellen funktioniert.
Es gibt fünf Geschmacksrichtungen. Die Rezeption läuft für alle unterschiedlich ab:
- salzig: Na^+ strömt in die Zelle → direkte Depolarisation
- sauer: H^+ bewirkt Schließung von K^+-Kanälen → Depolarisation

FÜRS MÜNDLICHE

- bitter: Aktivierung eines G-Proteins über Rezeptor → $IP_3\uparrow$ → $Ca^{2+}\uparrow$
- süße Aminosäuren: Öffnung eines Na^+-Kanals → Depolarisation
- süße Kohlenhydrate (Zucker): G-Protein → $cAMP\uparrow$ → K^+-Kanäle zu → Depolarisation
- Fleisch = umami: G-Protein → depolarisierend

4. Erläutern Sie bitte den Aufbau der Geschmacksbahn.

Das 1. Neuron liegt in der Zunge. Die Axone verlaufen für die vorderen zwei Drittel im N. facialis (Perikaria im Ganglion geniculi), für das hintere Drittel der Zunge im N. glossopharyngeus. Das 2. Neuron liegt im Nucleus tractus solitarii im Hirnstamm. Das 3. Neuron liegt im Kortex im Operculum insulae und dem unteren Gyrus postcentralis.

Pause

Geschafft! Hier noch ein kleiner Cartoon als Belohnung – und danach wird fleißig gekreuzt …

Index

Symbole
2nd messenger 19
11-cis-Retinal 53
α-Motoneurone 13, 15
β-Spindeln 32

A
Aberration 45
– chromatische 45
– sphärische 45
Acetylcholin 18
Adaptation 37
Adrenalin 18
AEP (= akustisch evoziertes Potenzial) 30
Akkommodationsbreite 46
Aktionspotenzial 5
Akustikusneurinom 75
akustisch evozierte Hirnstammpotenziale 30
Alkylphosphat 22
Alles-oder-Nichts-Gesetz 6, 7, 12, 14
all-trans-Retinal 53
Amblyopie 49
Ametrope 47
Amnesie 28, 38
– anterograde 28, 38
– retrograde 38
AMPA-Rezeptoren 39
Amplitude 5, 14
– reizstärkeabhängige 5, 14
Amygdala (= Mandelkern) 28
Astigmatismus 49
– irregulär 50
– regulär 49
Atropin 45
Audiometrie 76

B
Bahnung 22
Basilarmembran 71
BERA (= brainstem evoked response audiometry) 30
biogene Amine 18
Blinder Fleck 56
Botenstoffe 16

Botulinustoxin 21
Brechkraft D 44, 45
Brennweite f 44, 45
Broca-Aphasie 27, 34
Broca-Sprachzentrum 26

C
Carboanhydrasehemmer 43
cGMP 54
Cholinesterase 20
Cholinesterasehemmer 22
Chronaxie 7
Clostridien 21
Cochlea 70
Corpus callosum 28
Corti-Organ 70
Co-Transmitter 18
Curare 21

D
dark current 55
dB (= Dezibel) 66
Deuteranopie 51
Dezibelskala 69
Dioptrie 44
Dominanzsäulen 60
Dopamin 18
Dorzolamid 43
Drehbeschleunigung 82
Dunkeladaptation 52
– langsame 52
– schnelle 52
Dunkelstrom 55

E
E605 22
Edinger-Westphal-Kern 45
EEG-Wellenformen 30
elektrotonisch 6
Emmetrope 47
Endolymphe 71
Enkephalin 18
EPSP 19, 22
Erlanger/Gasser 13

F
Farbenblindheit 51

Fernpunkt 46
Frenzelbrille 84
Frequenz-Orts-Abbildung 71
Furosemid 72

G
GABA 18
Ganglienzelle 58
- multipolare 58
Ganglion cervicale superius 45
Gedächtnis 38
- deklarativ 38
- explizit 38
- implizit 38
- prozedural 38
gelber Fleck 51
Generatorpotenzial 3
Gesichtsfeld 55
Glaukom 43
Gleichgewichtsorgane 83
- Ausfall 83
Gleichgewichtspotenzial 1
Glutamat 18
Glycin 18
G-Protein 19

H
Haarzellen 72
- äußere 70, 72
- innere 70, 72
Habituation 37
Helicotrema 70
Hippocampus 28, 38
Horizontalzellen 58
Hörscreening 30
Hypermetropie 48
Hyperopie 48
Hyperpolarisation 4

I
Impedanzanpassung 70
Innenwiderstand 11, 14
Intensitätsunterschiedsschwelle 69
Internodien 12, 14
IP_3 19
IPSP 19, 22

K
Kammerwasser 43
K^+-Kanäle 14
K-Komplexe 32
Knochenleitung 75
Kohlrausch-Knick 53
Konditionierung 37
- klassische 37
- operante 37
korrespondierende Netzhautstellen 60
Kurzsichtigkeit 47

L
Langzeitpotenzierung (= LTP) 39
laterale Inhibition 59
Laufzeitdifferenz 70
Lernen 37
- assoziatives 37
- nichtassoziatives 37
Linearbeschleunigungen 81
Lloyd/Hunt 13
Longitudinalwelle 66
Luftleitung 75

M
Maculadegeneration 58
Macula lutea 51
magnozelluläre Ganglienzellen 60
Membrankapazität 11, 14
Membranlängskonstante lambda λ 10
Membranpotenzial 1
Membranwiderstand 11, 14
Metarhodopsin II 53
Mikrosmat 87
Mitralzellen 88
Mittelohr 70
Muskelrelaxanzien 22
Muskelspindelafferenzen 13, 15
Myasthenia gravis 20
Myelinisierung 12
Myopie 47
M-Zellen 60

N
Nahpunkt 46
$Na^+/K^+/2\ Cl^-$-Transporter 72
Na^+/K^+-ATPase 1

Index

Neglekt 27, 34
Neostigmin 22
Nernst-Gleichung 2
NMDA (= N-Methyl-D-Aspartat-) -Rezeptor 39
N. oculomotorius 45
Noradrenalin 18
Nucleus suprachiasmaticus 33

O
Off-Neuron 59
Okklusion 22
On-Neuron 59
Opsin 53
Ortsselektivität 71, 73
oto-akustische Emissionen 73
Otolithenmembran 81

P
parvozelluläre Ganglienzellen 60
Perilymphe 70
Perimetrie 55
Phon 69
Phonskala 69
Phospholipase C 19
Physostigmin 22
Pigmentepithels 58
postsynaptische Membran 16
Potenzial 30
– evoziertes 30
präsynaptische Membran 16
Presbyakusis 75
Presbyopie 47
Prestin 73
Protanopie 51
P-Zellen 60

Q
Quantelung 16

R
Ranvier-Schnürring 12, 14
reduziertes Auge 44
Reiz 3
– adäquater 3
– inadäquater 3
Reizassoziation 37
retinotop 60

Rezeptoren 1
Rheobase 7
Rhodopsin 53
Rinne-Test 76
Ruheaktivität 82
Ruhemembranpotenzial 1

S
Sakkaden 84
Sammellinsen 49
Scala media 70
Scala tympani 70
Scala vestibuli 70
Schalldruck 66
Schalldruckpegel 66
Schallempfindungsstörung 75
Schallintensität I 68
Schallintensitätspegel 68
Schallleitungsstörung 74, 75
Schlafwandeln 32
Schlemmkanal 43
Schmerzschwelle 70
Schnürringe 12, 14
Schwachsichtigkeit 49
Schwellenaudiometrie 76
Schwellenpotenzial 7
Sehen 50
– Nacht- 50
– photopisches 50
– skotopisches 50
– Tag- 50
Sensitivierung 37
Sensoren 1
Sensorpotenzial 3
Serotonin 18
Signaltransduktion 19
Sinneszelle 3
– primäre 3
– sekundäre 3
SNAP 25 21
SNARE-Komplex 21
spannungsabhängiger Na^+-Kanal 5, 7
Split-brain-Patienten 28
Stäbchen 50, 58
Stabsichtigkeit 49
Statolithenmembran 81
Streulinse 47

Substanz P 18
Summation 6, 22
– räumlich 6
– zeitlich 6
summieren 14
synaptischer Spalt 16

T
Tetanospasmin 21
Tetrodotoxin 22
Thalamus 28
– Palliothalamus 28
– Truncothalamus 28
tip links 72
Tonhöhenunterschiedsschwelle 69
Transducin 54
Tritanopie 51

U
Überträgerstoffe 16

V
Vesikel 16
Visus 50

W
Weber-Test 76
Weitsichtigkeit 48
Wernicke-Aphasie 27, 34
Wernicke-Sprachzentrum 26
Winkelbeschleunigung 82

Z
Zapfen 50, 58

Feedback

Deine Meinung ist gefragt!

Es ist erstaunlich, was das menschliche Gehirn an Informationen erfassen kann. Slbest wnen kilene Fleher in eenim Txet entlheatn snid, so knnsat du die eigneltchie lofnrmotian deoncnh vershteen – so wie in dsieem Text heir.

Wir heabn die Srkitpe mecrfhah sehr sogrtfältg güpreft, aber vilcheliet hat auch uesnr Girehn – so wie deenis grdaee – unbeswust Fheler übresehne. Um in der Zuuknft noch bsseer zu wrdeen, bttein wir dich dhear um deine Mtiilhfe.

Sag uns, was dir aufgefallen ist, ob wir Stolpersteine übersehen haben oder ggf. Formulierungen verbessern sollten. Darüber hinaus freuen wir uns natürlich auch über positive Rückmeldungen aus der Leserschaft.

Deine Mithilfe ist für uns sehr wertvoll und wir möchten dein Engagement belohnen: Unter allen Rückmeldungen verlosen wir einmal im Semester Fachbücher im Wert von 250 Euro. Die Gewinner werden auf der Webseite von MEDI-LEARN unter www.medi-learn.de bekannt gegeben.

Schick deine Rückmeldung einfach per E-Mail an support@medi-learn.de oder trag sie im Internet in ein spezielles Formular für Rückmeldungen ein, das du unter der folgenden Adresse findest:

www.medi-learn.de/rueckmeldungen